ASL® 2
POCKETGUIDE

Andere uitgaven bij Van Haren Publishing

Van Haren Publishing (VHP) is gespecialiseerd in uitgaven over Best Practices, methodes en standaarden op het gebied van de volgende domeinen:
- IT en IT-management;
- Enterprise-architectuur;
- Projectmanagement, en
- Businessmanagement.

Deze uitgaven zijn beschikbaar in meerdere talen en maken deel uit van toonaangevende series, zoals *Best Practice, The Open Group series, Project management* en *PM series*.

Op de website van Van Haren Publishing is in de **Knowledge Base** een groot aanbod te vinden van whitepapers, templates, gratis e-books, docentenmateriaal etc. Ga naar www.vanharen.net.

Van Haren Publishing is tevens de uitgever voor toonaangevende instellingen en bedrijven, onder andere: Agile Consortium, ASL BiSL Foundation, CA, Centre Henri Tudor, Gaming Works, IACCM, IAOP, IPMA-NL, ITSqc, NAF, Ngi, PMI-NL, PON, The Open Group, The SOX Institute.

Onderwerpen per domein zijn:

IT en IT-management
ABC of ICT™
ASL®
CATS CM®
CMMI®
COBIT®
e-CF
ISO 17799
ISO 20000
ISO 27001/27002
ISPL
IT-CMF™
IT Service CMM
ITIL®
MOF
MSF
SABSA

Architecture (Enterprise en IT)
ArchiMate®
GEA®
Novius Architectuur Methode
TOGAF®

Business Management
BABOK® Guide
BiSL®
BRMBOK™
EFQM
eSCM
IACCM
ISA-95
ISO 9000/9001
Novius B&IP
OPBOK
SAP
SixSigma
SOX
SqEME®

Project-, Programma- en Risicomanagement
A4-Projectmanagement
DSDM/Atern
ICB / NCB
ISO 21500
MINCE®
M_o_R®
MSP®
P3O®
PMBOK® Guide
PRINCE2®

Voor een compleet overzicht van alle uitgaven, ga naar onze website: www.vanharen.net

ASL® 2

POCKETGUIDE

Yvette Backer, Remko van der Pols

Colofon

Titel:	ASL® 2 Pocketguide
Auteurs:	Yvette Backer en Remko van der Pols
Reviewers:	Greet Mattheus, Ordina Machteld Meijer, Maise Frank van Outvorst Lex Scholten André Smulders, Ordina
Tekstredactie:	Harry Ousen
Illustraties:	CO2 Premedia
Uitgever:	Van Haren Publishing, Zaltbommel, www.vanharen.net
ISBN Hard copy:	978 90 8753 642 8
ISBN eBook:	978 90 8753 015 0
Druk:	Eerste druk, eerste oplage, mei 2013 Eerste druk, tweede oplage, juni 2016
DTP-productie:	CO2 Premedia, Amersfoort – NL
Copyright:	© Van Haren Publishing, 2013

Voor verdere informatie over Van Haren Publishing, e-mail naar: info@vanharen.net

Niets uit deze uitgave mag worden verveelvoudigd en/of openbaar gemaakt door middel van druk, fotokopie, microfilm, of op welke wijze ook, zonder voorafgaande schriftelijke toestemming van de uitgever.

No part of this publication may be reproduced in any form by print, photo print, microfilm or any other means without written permission by the publisher.

Hoewel deze uitgave met veel zorg is samengesteld, aanvaarden auteur(s) noch uitgever enige aansprakelijkheid voor schade ontstaan door eventuele fouten en/of onvolkomenheden in deze uitgave.

TRADEMARK NOTICE

ASL® and BiSL® are registered trademarks of the ASL BiSL Foundation

Inhoudsopgave

Voorwoord   8

1 Inleiding   **11**
1.1 Aanleiding   11
1.2 Doelgroep   11
1.3 VGK en de case   11
1.4 Structuur van het boek   12

2 Applicatiemanagement en ASL2   **13**
2.1 Wat is applicatiemanagement?   13
2.2 In welke vormen komt applicatiemanagement voor?   15
2.3 Niveaus van sturing   17
2.4 ASL en andere frameworks   18
2.5 Best practices en implementatie van ASL   19

3 ASL2-framework   **21**
3.1 ASL 2   21
3.2 Wat zijn de kernissues en uitdagingen voor applicatiemanagement   26
3.3 Expliciete boodschappen en uitgangspunten   29

4 Beheerprocessen   **35**
4.1 Inleiding   35
4.2 Gebruiksondersteuning   38
4.3 Configuratiebeheer   42
4.4 Operationele ICT-sturing   45
4.5 Continuïteitsbeheer   51

5 Onderhoudsprocessen — 55
5.1 Impactanalyse — 57
5.2 Ontwerp — 61
5.3 Realisatie — 65
5.4 Testen — 69
5.5 Implementatie — 74

6 Verbindende processen — 79
6.1 Inleiding — 79
6.2 Wijzigingenbeheer — 79
6.3 Programmabeheer en distributie — 83

7 Sturende processen — 89
7.1 Inleiding — 89
7.2 Contractmanagement — 92
7.3 Planning en control — 98
7.4 Kwaliteitsmanagement — 102
7.5 Financieel management — 106
7.6 Leveranciersmanagement — 109

8 Applications Cycle Management — 113
8.1 Inleiding — 113
8.2 ICT developments strategy — 118
8.3 Customer organizations strategy — 119
8.4 Customer environment strategy — 120
8.5 Application lifecycle management — 121
8.6 Application portfolio management — 122

9 Organization Cycle Management — 125
9.1 Account & market definition — 127
9.2 Capabilities definition — 128
9.3 Technology definition — 129

9.4	Supplier definition	129
9.5	Service delivery definition	130

10 Gebruik en invoering — 135

10.1 Invoering en inrichting — 135
10.2 Het framework en de realiteit — 135
10.3 Het geheim van best practices — 136
10.4 Scenario's en invoering — 138
10.5 Starten met ASL — 140

Bijlage 1 Praktijkcase VGK/ISPM — 143
Bijlage 2 ASL BiSL Foundation — 149
Bijlage 3 Bronnen en meer weten — 153
Bijlage 4 Procesmodel van ASL 2 — 155
Index — 157

Voorwoord

Met de komst van ASL 2 is het natuurlijk onvermijdelijk dat ook de pocketguide aan de laatste ontwikkelingen aangepast moet worden. En dat hebben we dus ook gedaan.

Applicatiemanagement is vandaag de dag buitengewoon interessant. De verzakelijking, de componentisering van de dienstverlening, de integratie van de dienstverlening en de mogelijke vrijheidsgraden zijn enorm gegroeid, waardoor het vak niet alleen complexer, maar ook veel uitdagender is geworden.

En ondanks deze ontwikkelingen zien we dat de lessen uit het verleden nog altijd valide zijn.
In de kern blijkt het applicatiemanagement van nu niet heel veel te verschillen van het applicatiemanagement van jaren geleden. Juist de combinatie van de wijsheid en de ervaring van het verleden enerzijds en het kunnen aansluiten bij de moderne ontwikkelingen anderzijds maakt of een applicatiemanagementorganisatie overleeft of niet.

Dit vindt u ook terug in ASL 2. De hoofdstructuur is onveranderd gebleven, terwijl de veranderingen op het onderliggende niveau voldoende handvatten bieden voor de hedendaagse uitdagingen.

In deze pocketguide vindt u dit terug doordat er in de case een historisch perspectief zit. U vindt dezelfde organisatie terug als in de vorige pocketguide, maar dan zes jaar later. Sommige wijsheden zijn verloren gegaan en worden nu weer herontdekt. En tevens worden nieuwe wijsheden ontdekt.

Ons doel met deze pocketguide is een leuk boekje te schrijven, meer nog dan een leerzaam boekje. We hopen dat u vindt dat we daarin geslaagd zijn.

Onze dank gaat uit naar de reviewers Greet Mattheus, Machteld Meijer, Frank van Outvorst, Lex Scholten en André Smulders voor hun bijdrage.

En tot slot gaat onze speciale dank uit naar door Eilko Bronsema en Otto Strijker, beiden werkzaam bij Wegener, die ons hebben geïnformeerd over de ontwikkelingen in de IT in het hedendaagse krantenbedrijf.

Yvette Backer
Remko van der Pols

1 Inleiding

1.1 Aanleiding
Nadat in 2009 ASL 2 was geïntroduceerd, een evolutionaire vernieuwing van ASL, het procesframework voor applicatiemanagement, ontstond ook de noodzaak om de guide aan te passen. En het resultaat vindt u hier. Het doel van de ASL-pocketguide is om op een eenvoudige, leuke en niet te moeilijke wijze mensen inzicht te geven in de theorie en praktijk van applicatiemanagement en het ASL-framework. Het geeft daarmee een makkelijk leesbare en toch ook degelijke introductie in wat applicatiemanagement inhoudt en hoe het ASL-framework eruitziet.

1.2 Doelgroep
Het boekje is geschreven voor managers, raden van bestuur, studenten, beleidsmedewerkers en natuurlijk voor iedereen die bij het applicatiemanagement betrokken is. Enige feeling voor informatievoorziening of IT zou handig zijn, maar is beslist niet noodzakelijk. We hebben zo weinig mogelijk vaktermen gebruikt of, als ze toch voorkomen, deze uitgelegd. Mocht u toch nog iets tegenkomen, laat het ons weten. De belangrijkste begrippen hebben we achter in het boek uitgelegd.

1.3 VGK en de case
Om het boekje lichtvoetig en beeldend te maken, hebben we er een case in opgenomen die door het hele boek loopt. De case heeft betrekking op de IT-organisatie ISPM, de nieuwe naam voor de organisatie VGK. Deze organisatie stond in de managementguide van de vorige versie van ASL. Daardoor zit er nu ook een historisch perspectief in en dat vonden wij een leuk gegeven.

Deze organisatie is fictief, maar natuurlijk wel geïnspireerd op de praktijk. In de bijlage 1 vindt u de beschrijving van deze case.

1.4 Structuur van het boek

Het boekje heeft de volgende structuur.

We beginnen, na de inleiding, met een hoofdstuk over wat applicatiemanagement is. Hoe ziet applicatiemanagement er op hoofdlijnen uit en welke variëteiten zijn er? ASL, Applications Services Library, is een procesmodel voor applicatiemanagement en dus bespreken we ook wat ASL inhoudt.

In hoofdstuk 3 leggen we het ASL-framework in detail uit en beschrijven we hoe het framework is opgebouwd. In dit hoofdstuk gaan we ook in op de huidige ontwikkelingen die belangrijk zijn voor het applicatiemanagement en beschrijven we ook wat de uitdagingen voor applicatiemanagement in de komende decennia zullen zijn. En daarbij geven we ook aan hoe u met ASL deze ontwikkelingen te lijf kunt gaan.

In de verdere hoofdstukken, hoofdstuk 4 tot en met 9, staan de verschillende procesclusters van ASL beschreven.

Het boekje heeft ook een aantal bijlagen. In bijlage 1 vindt u een beschrijving van de case en bijlage 2 geeft informatie over de ASL BiSL Foundation. Bijlage 3 geeft vervolgens een overzicht van de gebruikte bronnen en verwijzingen naar meer informatie. En, tot slot, vindt u in bijlage 4 het volledige framework.

2 Applicatiemanagement en ASL2

2.1 Wat is applicatiemanagement?

Het eerste onderwerp in een boekje over ASL moet natuurlijk gaan over applicatiemanagement. We gebruiken het model van Looijen om het begrip applicatiemanagement te verduidelijken. Looijen onderkent drie vormen van beheer, drie vormen van werkzaamheden gerelateerd aan het beheer, onderhoud en vernieuwing van informatievoorziening in brede zin (figuur 2.1). Hieronder beschrijven we deze drie vormen en geven er ook de moderne namen aan, aangezien de oude namen vaak voor verwarring zorgen:

- Business informatiemanagement (oude naam functioneel beheer): het realiseren van adequaat gebruik en vernieuwing van de informatievoorziening vanuit het perspectief van de business.
- Applicatiemanagement (oude naam applicatiebeheer): het beheren, onderhouden en vernieuwen van de applicaties (informatiesystemen).
- Infrastructuurmanagement (oude naam technisch beheer): het beheren, onderhouden en vernieuwen van de infrastructuur.

Op deze drie vormen gaan we hieronder diepgaander in.

Infrastructuurmanagement houdt zich bezig met het beheren, onderhouden en vernieuwen van de infrastructuur. De infrastructuur bestaat uit alle apparatuur (computers, schijven, beeldschermen), de communicatiestructuur (netwerken) en standaard of basisprogrammatuur (zoals operating systems) die noodzakelijk zijn om informatiesystemen (applicaties)

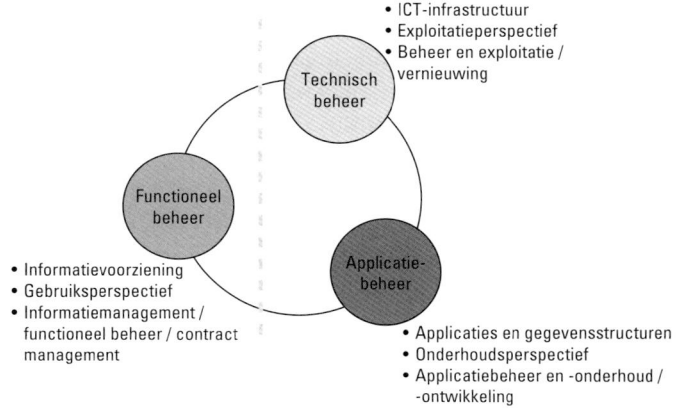

Figuur 2.1 Driedeling van beheer (naar Looijen en Delen)

te kunnen draaien. Werkplekken, computers (servers), netwerken, geheugenopslag en dergelijke, maar ook het databasemanagementsysteem, compilers en drivers kunnen onderdeel van de infrastructuur zijn.

Applicatiemanagement houdt zich bezig met de instandhouding (het beheren) en de aanpassing (onderhouden of integreren) van applicaties (informatiesystemen) en gegevensstructuren. Hieronder vallen activiteiten als programmeren, ontwerpen van applicaties en testen. In dit boek gaan we dus in op dit vakgebied en het framework hiervoor: ASL.

Business informatiemanagement vormt de vraagkant van informatietechnologie (IT) / informatievoorziening (IV). Business informatiemanagement is namens de gebruikersorganisatie verantwoordelijk voor het ondersteunen bij het gebruik van de informatievoorziening en voor het in stand houden en aansturen van de informatievoorziening. De standaard die hiervoor gebruikt wordt is BiSL.

2.2 In welke vormen komt applicatiemanagement voor?

In normaal Nederlands is applicatiemanagement dus het beheren en aanpassen van programmatuur en gegevensstructuren. ASL is een procesmodel voor applicatiemanagement en geeft een kapstok voor de activiteiten van applicatiemanagement.
Maar ondanks dat de werkzaamheden beschreven en gedefinieerd zijn door een dergelijk model, zal de uitvoering en de besturing van deze werkzaamheden in de praktijk vaak soms zelfs fors, verschillen. Dat komt doordat de gebruikte technologie, de vorm waarin de software geleverd wordt, de aard van de dienstverlening en de wijze van afrekening en besturing een behoorlijke impact op de organisatie en uitvoering van het applicatiemanagement hebben.

Software kent vele verschijningsvormen, zoals een standaardpakket dat direct klaar is voor gebruik, een ingeregeld en aangepast pakket, een maatwerksysteem of een applicatie opgebouwd uit meerdere softwarecomponenten of losse componenten. De besturing van het applicatiemanagement verschilt hierbij in de regel.
De besturing bij een pakketleverancier verschilt van die van een leverancier van maatwerkservices. Een leverancier van puntoplossingen heeft weer andere expertises nodig dan een applicatie-integrator, dat is een organisatie die verschillende onderdelen van de informatievoorziening aan 'elkaar verbindt'. De aard van de dienstverlening is dus een belangrijke variabele voor de wijze waarop applicatiemanagement wordt ingericht.

Er zijn naast de aard van dienstverlening nog meer onderwerpen die de invulling bepalen (zie ook figuur 2.2). De wijze van afrekening bepaalt bijvoorbeeld sterk hoe men stuurt en rapporteert.

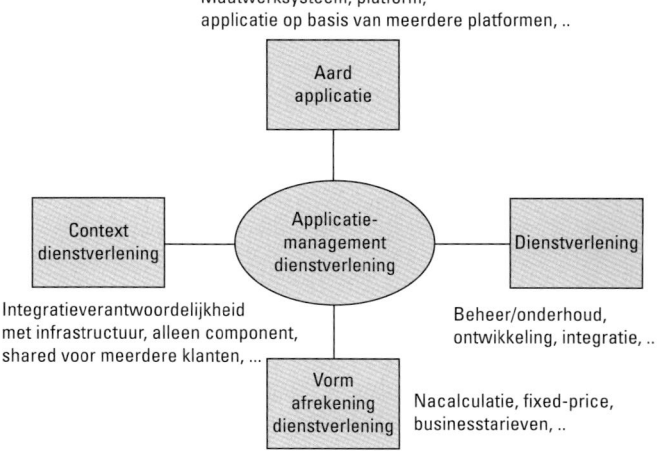

Figuur 2.2 Variabelen bij de inrichting van applicatiemanagement

Daarnaast heeft ook de technologie impact, onder andere op de inhoudelijke inrichting van het proces en de gebruikte hulpmiddelen. Basis- en detailontwerpen komen bijvoorbeeld bij watervalwerkwijzen voor en niet bij Agile, waar men met user stories werkt.

Werkwijzen veranderen en verouderen in de tijd. De werkwijze van nu is verkocht als modern, maar over een paar jaar zal men roepen dat het ouderwets is en dat er een nieuwe werkwijze gekozen moet worden.

We hebben ASL zo ontworpen dat het gebruik van de verschillende methoden, ook de methoden die in de toekomst zullen komen, vrij gemakkelijk in ASL 'gehangen' kunnen worden. Daardoor hebben de gebruikte technologie, de gebruikte ontwikkelwijze en de daarvoor gehanteerde methode in de regel minder impact dan de voorgaande onderwerpen.

Maar er blijven dus veel manieren over om applicatiemanagement in te richten.
ASL ondersteunt deze verschillende inrichtingen en biedt ruimte voor verschillende inrichtingsvormen.
Het model zelf is vrij eenvoudig gehouden. De werkelijke invulling en inrichting van het applicatiemanagement kunt u bereiken met best practices, bijvoorbeeld de best practices die vrij verkrijgbaar zijn bij de ASL BiSL Foundation.

2.3 Niveaus van sturing

Applicatiemanagement is niet alleen een uitvoerende bezigheid. ASL onderkent bij applicatiemanagement werkzaamheden op uitvoerend, sturend en richtinggevend niveau.
De werkzaamheden op uitvoerend niveau hebben op hoofdlijnen betrekking op het maken en aanpassen van de applicaties conform de wensen van de gebruikers en het ondersteunen bij het in de lucht houden en gebruiken van de applicaties.

Op het sturende niveau wordt de uitvoerende dienstverlening gestuurd om te kunnen voldoen aan de afspraken met de klant en overige bedrijfsmatige uitgangspunten, zoals capaciteit, financiën, afspraken met leveranciers en interne kwaliteit.
De activiteiten op het richtinggevende niveau richten zich op de gewenste invulling van de applicatie(s) en de dienst-

verleningsorganisatie over drie tot vijf jaar en het ontwikkelen
van de scenario's om daar te komen.

Het belang om de werkzaamheden op de verschillende niveaus
van sturing goed op elkaar te laten aansluiten is nog groter dan in
het verleden. Omdat informatievoorziening vaak bedrijfskritisch
of zelfs geïntegreerd is met het bedrijfsproces, bepalen de
mogelijkheden van de applicatie en de mate waarin men snel
of minder snel aanpassingen kan aanbrengen dus ook de mate,
waarin men het bedrijfsproces kan aanpassen.

Om te zorgen dat applicaties over drie jaar het bedrijfsproces ook
nog goed ondersteunen moet men weten wat de strategie van de
gebruikersorganisatie is, zodat bij aanpassingen en verbeteringen
in de applicatie de juiste route gevolgd wordt. Tenslotte is de
investeringsruimte meestal beperkt, zeker om tekortkomingen
van een applicatie te verbeteren.
Een dienstverleningsorganisatie die bij het beheer en onderhoud
rekening houdt met deze aspecten heeft toegevoegde waarde
voor de opdrachtgever. Dat de dienstverlening conform
contract geleverd wordt is vanzelfsprekend, maar als de
dienstverleningsorganisatie rekening houdt met de toekomst van
haar opdrachtgever verkrijgt zij een sterkere concurrentiepositie.

2.4   ASL en andere frameworks

ASL is een framework dat de werkzaamheden beschrijft die
noodzakelijk zijn (en al dan niet expliciet uitgevoerd worden)
om applicaties te beheren, te onderhouden en te vernieuwen.
Het cijfer 2 achter ASL geeft aan dat dit de tweede versie is
van het framework.

ASL is niet het enige proces framework, er zijn er vele. Voorbeelden zijn ITIL®, CobiT®, BiSL®. ASL is anders dan deze frameworks, ASL is specifiek gericht op applicatiemanagement. Het kent, en is daarin onderscheidend, een sterke focus op het gebruik en onderhoud en vernieuwing van informatiesystemen en applicaties.

Tevens wordt binnen ASL rekening gehouden met de vele verschijningsvormen van applicatiemanagement en de verschillende eisen, die daaraan gesteld worden.

2.5 Best practices en implementatie van ASL

ASL is een public domain library voor applicatiemanagement. Deze library bevat onder andere honderden best practices: procesbeschrijvingen, procedures, templates, checklists en andere documenten, die beschikbaar zijn gesteld door andere organisaties. De best practices zijn vrij verkrijgbaar, onder meer via de ASL BiSL Foundation[1], en kunnen aangepast worden aan de eigen situatie.

Daarom kan men met ASL heel snel een werkend en passend kwaliteitssysteem implementeren, simpelweg omdat de onderdelen er al zijn en deze alleen nog passend gemaakt hoeven te worden voor de eigen organisatie.

---

1 Zie bijlage 2 voor meer informatie over deze stichting.

3 ASL2-framework

3.1 ASL 2

ASL kent drie niveaus met in totaal zes processclusters. Er zijn processclusters op uitvoerend, sturend en richtinggevend niveau. Elke processcluster kent een groep processen met een duidelijke samenhang en een samenhangende doelstelling. De zes processclusters zijn (zie ook figuur 3.1):

- Beheer.
- Onderhoud en vernieuwing.
- Verbindende processen.
- Sturende processen.
- Applications Cycle Management.
- Organization Cycle Management.

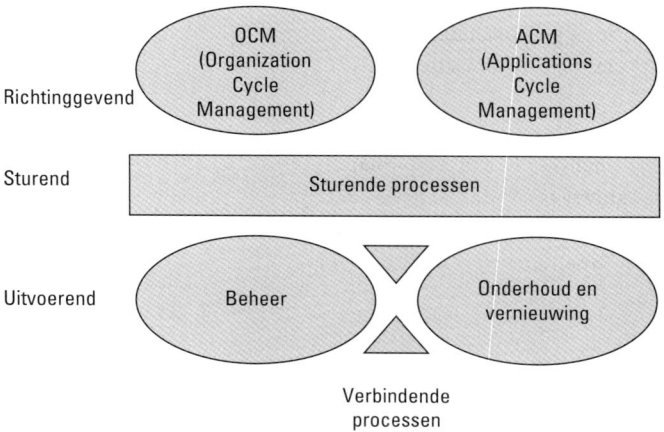

Figuur 3.1 De ASL-processclusters

Beheer

Applicaties worden gemaakt en onderhouden om ze te gebruiken. Gebruik wil zeggen: het op een of meerdere computersystemen installeren en vervolgens gedurende jaren iedere keer opstarten en uitvoeren, zodat gebruikers van de organisatie de applicaties kunnen (blijven) gebruiken. Het uitvoeren en ervoor zorgen dat dit ook in de toekomst nog goed zal gaan, valt onder de verantwoordelijkheid van de applicatiemanagementorganisatie. Deze activiteiten worden binnen ASL de beheeractiviteiten binnen applicatiemanagement genoemd. Deze activiteiten worden nogal eens onderschat, maar zijn erg belangrijk. Immers, als een applicatie niet werkt, werkt het bedrijfsproces dat daardoor ondersteund wordt ook niet. Daarom zijn processen als *Continuïteitsbeheer*, *Gebruiksondersteuning*, *Operationele ICT-sturing* en *Configuratiebeheer* (figuur 3.2) uitermate belangrijk voor de kwaliteitsbeleving.

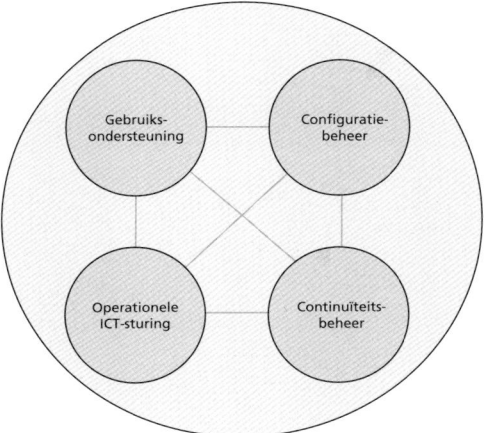

Figuur 3.2 De procescluster Beheer

Onderhoud en vernieuwing

De organisaties waarvoor de applicaties ontwikkeld zijn en de omgeving van die organisatie veranderen. Dit betekent dat de bedrijfsprocessen veranderen en dat de applicaties die deze processen ondersteunen dus ook mee moeten veranderen. Daarom is er onderhoud op deze applicaties nodig. Dit onderhoud kan erg gevarieerd zijn, zowel in omvang als aard ervan. Soms gaat het om kleine wijzigingen op de applicatie, zoals het doorvoeren van een wijziging op een scherm of een aanpassing in een rapportage. Maar soms zijn de wijzigingen dusdanig fundamenteel dat een substantieel deel van de applicatie moet worden aangepast. De omvang van de wijziging kan dan oplopen naar een percentage van tientallen procenten van de investerings- c.q. nieuwbouwwaarde van de applicatie. Daarom kent ASL de procescluster Onderhoud en vernieuwing met daarin de processen *Impactanalyse*, *Ontwerp*, *Realisatie*, *Testen* en *Implementatie* (figuur 3.3).

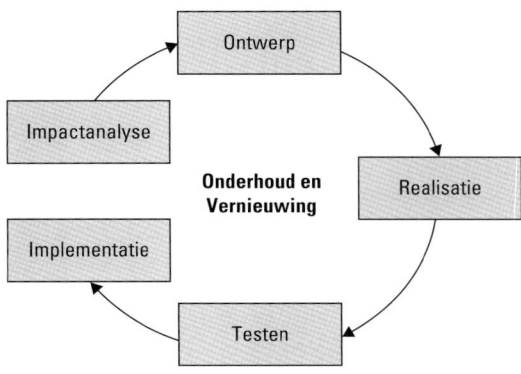

Figuur 3.3 De procescluster Onderhoud en vernieuwing

De verbindende processen
De derde procescluster op het uitvoerende niveau is de procescluster Verbindende processen. Tussen de procesclusters Onderhoud en vernieuwing en Beheer bestaan relaties, die vaak met elkaar interfereren. Daarom zijn er processen nodig die de afstemming organiseren: de verbindende processen. Er zijn er twee: *Wijzigingenbeheer* en *Programmabeheer- en distributie*.

Sturende processen
Tussen de richtinggevende en uitvoerende procesclusters vinden we de procescluster van de Sturende processen. Klanten en afnemers verwachten een gestuurde en beheerste uitvoering van het proces van applicatiemanagement. Kostenoverschrijdingen, verschuivende oplevertermijnen en het niet behalen van gemaakte afspraken zijn nog steeds niet ongewoon binnen applicatiemanagement, en dit leidt tot grote ontevredenheid bij de klanten van applicatiemanagement.
Daartoe onderkent ASL de sturende processen. De processen zijn *Planning en control*, *Financieel management*, *Contractmanagement*, *Leveranciersmanagement* en *Kwaliteitsmanagement* (figuur 3.4). Deze processen sturen zowel de beheerprocessen als de verbindende en onderhouds-/vernieuwingsprocessen. Dit uitgangspunt is belangrijk. Hiermee wordt voorkomen dat de producten van Onderhoud en vernieuwing 'over de muur worden gegooid naar Beheer'. Ook wordt daardoor het beheer al tijdens het onderhoud adequaat voorbereid.

Applications Cycle Management
Een van de grote problemen binnen applicatiemanagement is dat men zelden ver, in de orde van vijf jaar, vooruitkijkt.

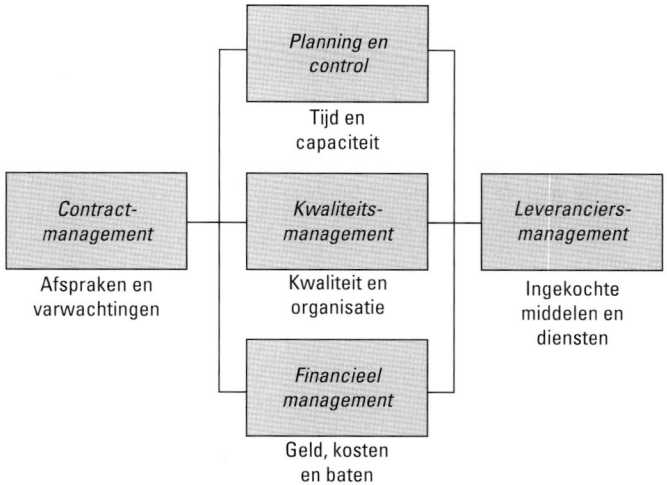

Figuur 3.4 De Sturende processen

Men innoveert zelden. Er zijn wel mooie visies over nieuwe applicatielandschappen, maar daar hebben de bestaande applicaties zelden een plek in. Dus zijn er meestal ook geen investeringen mogelijk in de bestaande applicaties. En dit terwijl meer dan tachtig procent van de huidige applicaties over vijf jaar nog gewoon gebruikt wordt.

Applications Cycle Management (ACM) is de cluster van processen waarin visie en beleid worden gemaakt ten aanzien van de toekomst van de applicaties en de informatievoorziening. Dit vindt plaats in nauwe samenwerking met business-informatiemanagement en infrastructuurmanagement.

De doelstelling is ervoor zorg te dragen dat de applicaties ook over drie tot vijf jaar de bedrijfsprocessen van de gebruikers-organisatie nog adequaat ondersteunen. Daartoe worden de behoeften van de gebruikersorganisatie vertaald naar pragmatische en uitvoerbare verbeteringen of vernieuwingen aan de applicaties.

Organization Cycle Management
Maar niet alleen de applicaties moeten meegaan met de behoeften van de tijd. Ook de applicatiemanagementorganisatie zelf zal een visie moeten hebben waar men over drie jaar wil staan. Welke dienstverlening men wil realiseren, met welke technologie, op welke wijze en binnen welke branche? Klanten moeten natuurlijk betalen voor de dienstverlening van de IT-organisatie, maar leren op kosten van de klant is verleden tijd. Daarom is het belangrijk dat een applicatiemanagementorganisatie vroegtijdig bepaalt welke richting zij op wil.
Organization Cycle Management (OCM) is de procescluster die zich met deze onderwerpen bezighoudt.

De procesclusters worden in de volgende hoofdstukken verder uitgewerkt.

3.2 Wat zijn de kernissues en uitdagingen voor applicatiemanagement

Er zijn de afgelopen decennia diverse ontwikkelingen geweest, die ervoor gezorgd hebben dat de uitgangspunten van en aandachtspunten voor applicatiemanagement sterk zijn veranderd. Een aantal van deze ontwikkelingen beschrijven we hieronder (zie ook figuur 3.5).

Er is een vraagorganisatie ontstaan
Binnen de afnemersorganisatie (klanten) is een vraagorganisatie ontstaan voor de informatievoorziening. Deze vraagorganisatie is expliciet geworden bij veel organisaties. De vraagorganisatie

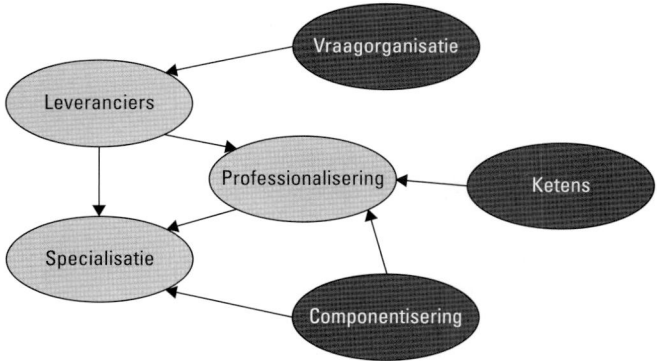

Figuur 3.5 Ontwikkelingen die van invloed zijn op applicatiemanagement

acteert als opdrachtgever voor de IT-leverancier en heeft meestal de beslissingsbevoegdheid. En meer en meer beslist deze organisatie volgens de wetten van de business en minder volgens de IT-lijnen van denken. Het beleid en de beslissingen worden dus steeds minder volgens IT-principes en IT-denken bepaald dan in het verleden.

Alle IT-clubs zijn leveranciers geworden
Applicatiemanagement en Infrastructuurmanagement zijn vormen van dienstverlening geworden, en hun diensten worden geleverd in een klant-leveranciersrelatie. Het zijn dus ook geen werkzaamheden die per definitie door de eigen organisatie uitgevoerd moeten worden; het is uitbesteedbare dienstverlening. Was IT vroeger een stafafdeling met zeggenschap, die zelf beleid maakte op het terrein van de informatievoorziening, nu is het een (inwisselbare) leverancier geworden van IT-diensten. Outsourcing, offshoring, zakelijke dienstverlening, het zijn standaardwoorden binnen de IT-dienstverlening.
De rol van de interne IT-organisatie is daardoor ook

fundamenteel veranderd. Een organisatie accepteert nauwelijks nog dat de interne IT-organisatie bindend beleid maakt op terrein van informatievoorziening of IT.

Componentisering en standaardoplossingen

De ontwikkeling en de inzet van standaardoplossingen zijn het laatste decennium gemeengoed geworden. Ook nieuwe applicaties zijn veelal geen volledig maatwerk meer, maar bestaan uit standaardpakketten of platformen met specifieke componenten, aangevuld met maatwerk. Integratie is daardoor een heel belangrijk onderwerp van applicatiemanagement geworden. Specialisatie van leveranciers is een ander gevolg: de technologie en techniek zijn beide zo complex geworden dat specialisatie op meerdere technologieën voor mensen en IT-organisaties erg lastig is.

De IT-organisatie specialiseert zich verder

Door de bovenstaande ontwikkelingen is specialisatie van IT-organisaties verdergegaan. Klanten verwachten dat leveranciers ervaren zijn op de door hen aangeboden dienstverlening. Samen met de verzakelijking en de sterk groeiende complexiteit zijn IT-organisaties/afdelingen zich gaan specialiseren op delen van de dienstverlening, technologieën en/of branches. Inzet van (onder)leveranciers is standaard geworden.

Verzakelijking en professionalisering

Door al deze ontwikkelingen is professionalisering en verzakelijking een noodzaak, een vereiste, maar ook gewoon geworden. Doordat IT-organisaties leveranciers zijn geworden, is een bewuste bedrijfsvoering noodzakelijk. Immers, zij moeten keuzes maken over welke technologie zij aankunnen en over de soort dienstverlening die zij wensen te leveren. Met scherpe grenzen naar klanten is verzakelijking noodzakelijk. Professionalisering dus ook, om de concurrentie te kunnen overleven.

Keteninformatisering
Een laatste en zeer zichtbare ontwikkeling is de keteninformatisering, dat wil zeggen: het aan elkaar koppelen van informatievoorzieningen van verschillende organisaties. Een belangrijk gevolg van deze ontwikkeling is dat de sturing 'vager' wordt; het principe 'you never decide alone' ontstaat. En deze omgeving beweegt niet automatisch mee met het eigen interne releasebeleid. Of elementen in de omgeving hebben een release-invulling die ongewenst is voor de eigen organisatie. De omgeving wordt in een ketenwereld meer een stabiliserende en soms remmende factor.

3.3 Expliciete boodschappen en uitgangspunten

Op vele van deze ontwikkelingen was al geanticipeerd in de eerste versie van ASL. Boodschappen hierin waren:
- Een eenduidig aanspreekpunt: serviceteam.
- Duidelijke afspraken: Service Level Agreement.
- Blik op de toekomst: proactieve IT-ondersteuning.

Daar is niets aan veranderd.

Maar de nieuwe versie van ASL heeft daarbij nog speciale aandacht voor:
- Flexibiliteit in inrichting van processen.
- Acteren in de dienstverleningsketen.
- Proactiviteit.

Flexibiliteit in inrichting van processen

De standaardisering en componentisering leiden tot specialisatie en dat niet alleen in termen van technologie, maar ook in termen van dienstverlening. De sturing kan daarbij sterk verschillen.

Frameworks worden, zo laat de praktijk helaas zien, vaak dogmatisch en theoretisch gehanteerd (ASL zegt:' … ') en nog vaker dogmatisch en volgens formalistische principes geïmplementeerd.
Processen worden instrumenteel en op bijna standaardwijze ingericht en de belangrijkste en vaak ook impliciete driver bij de concrete implementatie is het voorkomen dat mensen fouten maken.
Zelden wordt gevraagd wat de klant of manager persoonlijk echt essentieel vindt, zelden wordt een medewerker beschouwd als een intelligent en bekwaam persoon (die kan leren en soms moet leren van zijn fouten) en zelden worden andere doelen ondersteund dan het voorkomen van procesfouten.

ASL onderkent flexibiliteit in de invulling. Niet alleen wordt deze expliciet ondersteund door middel van inrichtingsparameters, ook de kernwaarden die een rol spelen in de delivery zijn essentieel. Soms moet dienstverlening goedkoop, soms flexibel, soms betrouwbaar.
Dat leidt tot verschillende implementaties. Daarom zijn er best practices, die aangepast kunnen worden en moeten worden naar de specifieke situatie.

Ook kent ASL de processen in OCM, waarin expliciet nagedacht kan worden over welke kernwaarden het bedrijf heeft of nastreeft, welk deel van de dienstverleningsmarkt men kan en

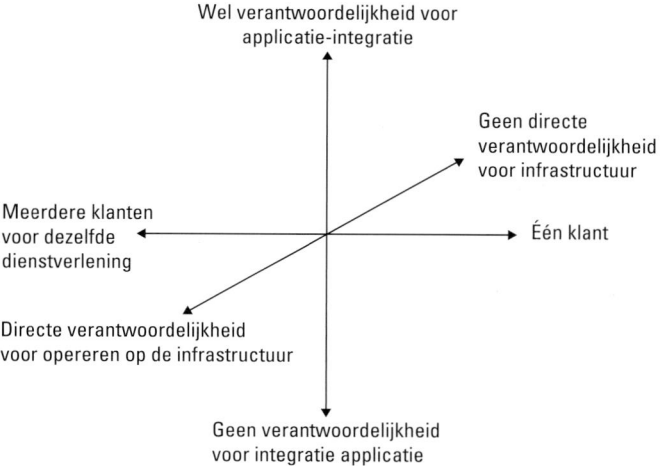

Figuur 3.6 Inrichtingsfactoren

wil invullen en hoe een eventuele verandering daarin bereikt kan worden.

Acteren in de dienstverleningsketen

Een ander gevolg van de specialisatie is dat een organisatie (of afdeling) moet samenwerken met andere partijen, meestal met andere kernwaarden en andere processen. Fragmentatie van dienstverlening is standaard. Iedere organisatie zit dus in een constellatie van leveranciers en afnemers. Ook de plaats daarin kan verschillen. Zelfs als men onderdeel is van een grote IT-organisatie speelt dit. Want door de verschillende kernwaarden kijkt men toch bijna altijd vanuit de eigen afdeling.
De integratie van de dienstverlening is het grote issue.

Proactiviteit

Proactiviteit was al een belangrijke boodschap in de eerste versie van ASL. Nu is het belangrijker dan ooit te voren. Deze proactiviteit komt op vele manieren terug:

- Je moet de dienstverlening kunnen leveren en kennen voordat de klant erom vraagt.
- Niet of de SLA gehaald wordt is belangrijk (de klant verwacht eigenlijk niet anders), maar of de verwachtingen en de behoeften van de klant zijn ingevuld. Deze kunnen en zullen in de regel ook verschillen met wat formeel afgesproken is.
- Problemen moeten het liefst opgelost worden voordat ze ontstaan. Dus niet alleen op basis van incidenten problemen definiëren, maar juist proactief op zoek gaan naar problemen die kunnen ontstaan.

Proactiviteit in ASL betekent ook dat de aandacht naar de buitenkant verschuift. Het proces wordt iets interns. Het proces moet uiteraard op orde zijn, maar de vormgeving, gebruikte hulpmiddelen en het gebruik van procesmodellen is een interne aangelegenheid voor de IT-organisatie. Dit betekent dat de interface naar de klant belangrijker wordt. De output die geleverd wordt, maar vooral ook de wijze waarop deze geleverd wordt en de manier waarop men de klant benadert, bepalen hoe tevreden de klant is over de IT-organisatie.

> VGK[2] is nu zes jaar verder en heet inmiddels ISPM. De laatste jaren was er een nieuwe directie die vooral gericht was op het behalen van zo hoog mogelijke winsten ten koste van kwaliteit en gebruikers- en medewerkerstevredenheid.

---

2 Zie bijlage 1 voor een beschrijving van de case.

Nu is er een nieuwe directie die meer oog heeft voor kwaliteit en de toekomst. Om de kwaliteit te verbeteren hebben ze Jan van Bunschoten, voorheen manager bij VGK en tegenwoordig werkzaam als zelfstandig interim-manager, gevraagd een verbeterprogramma te leiden.
Jan neemt de uitdaging graag aan.

4 Beheerprocessen

4.1 Inleiding

Beheer heeft als doelstelling ervoor te zorgen dat applicaties gebruikt kunnen worden. Oftewel dat de applicaties kunnen draaien en blijven draaien en dat men applicaties kan gebruiken.

Daarom is dit een belangrijk procescluster binnen applicatiemanagement, en wel om de volgende redenen:
- Allereerst bouwt en onderhoudt men applicaties (informatiesystemen) om te kunnen gebruiken. Dat is uiteindelijk de reden waarom men zo veel geld uitgeeft aan applicaties. Het beheren van dit gebruik is direct gerelateerd aan dit doel en daardoor is het beheercluster uitermate belangrijk.
- Daarnaast wordt een groot deel van dit cluster regelmatig over het hoofd gezien. Vaak laat men de uitvoering van de processen uit dit procescluster bij infrastructuurmanagement. Het belang van beheer binnen applicatiemanagement wordt onvoldoende herkend en de kennis en ervaring die men binnen dit procescluster heeft, of zou kunnen hebben, worden maar weinig ingezet bij verbetering.

De procescluster Beheer

De procescluster Beheer kent vier processen. Dit zijn:
- *Gebruiksondersteuning*. Het proces *Gebruiksondersteuning* zorgt voor een optimale ondersteuning bij het gebruik van de applicaties door een zo goed mogelijke communicatie met de afnemers en het zo goed mogelijk afhandelen van meldingen over het gebruik.
- *Configuratiebeheer*. *Configuratiebeheer* beslaat de activiteiten rondom het registreren en bijhouden van informatie over

het gebruik van de (versies van) objecten, behorend bij een applicatie en de bijbehorende services.
- *Operationele IT-sturing*. Het proces *Operationele IT-sturing* verzorgt de aansturing en verstrekt de juiste informatie aan infrastructuurmanagement en andere IT-organisaties om ervoor te zorgen dat een foutloze verwerking mogelijk is en blijft.
- *Continuïteitsbeheer*. *Continuïteitsbeheer* heeft betrekking op het scala aan maatregelen dat getroffen dient te worden om de continuïteit van de uitvoering en ondersteuning van de informatievoorziening middels applicaties op langere termijn te waarborgen.

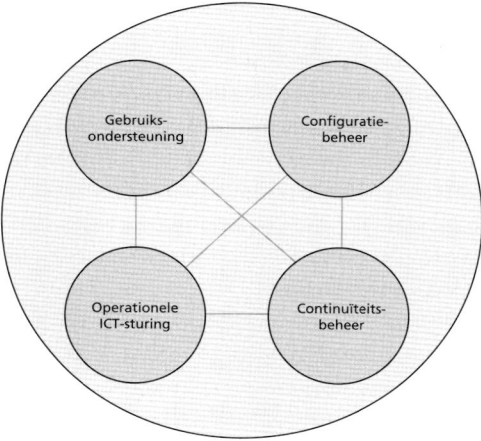

Figuur 4.1 Procescluster Beheer

Variabelen binnen Beheer
Beheerprocessen kennen diverse variabelen die een flinke impact hebben op de wijze van uitvoering. Deze variabelen hebben dan

ook impact op de wijze waarop de processen in een organisatie geïmplementeerd moeten worden. Voorbeelden van deze variabelen zijn:

- Multi-infra of single-infra. Heeft men te maken met één exploitatieomgeving voor de applicatie of betreft het meerdere?
  Een leverancier van pakketten heeft bijvoorbeeld te maken met meerdere plekken en/of organisaties waar zijn applicaties draaien of voor draaien (dat hoop je althans). In een maatwerksituatie draait de applicatie meestal op één plek en/of voor één organisatie.
  Als een applicatie op verschillende plaatsen draait, zie je vaak ook dat er verschillende versies in beheer zijn, meestal ook aangepast aan de verschillende platformen (een versie voor Windows, voor Linux et cetera). En ook de eisen en afspraken over de dienstverlening kunnen per organisatie verschillen.
- Verantwoordelijkheid voor de achterliggende infrastructuur of niet.
  Een tweede variabele is of applicatiemanagement verantwoordelijk is voor de achterliggende infrastructuur. Natuurlijk is er altijd een bepaalde mate van verantwoordelijkheid ('het moet wel kunnen werken'), maar soms is die verantwoordelijkheid volledig en hard. Bijvoorbeeld, als een pakketleverancier een ASP-oplossing aanbiedt is voor de klant de pakketleverancier verantwoordelijk voor het geheel. De pakketleverancier heeft de mogelijkheid en de plicht om de infrastructuur aan te sturen. Bij maatwerk is dit ook geregeld het geval.
  Maar sommige pakketten draaien niet op ASP-basis, maar op de infrastructuur van de klant. De pakketleverancier heeft en krijgt in dat geval geen verantwoordelijkheid voor deze infrastructuur. Directe aansturing van de infra-

structuurleverancier is dan niet mogelijk. Dit vraagt een andere benadering.
- Integratieverantwoordelijkheid voor de applicatie of niet. Nieuwe applicaties zijn geregeld opgebouwd uit meerdere standaardcomponenten en aanvullende componenten en deze componenten kunnen ergens anders onderhouden en/of geëxploiteerd worden. Of de applicatiemanagement-organisatie verantwoordelijk is voor het geheel of slechts voor een (deel van de) componenten, maakt ook verschil.

Pakketten, SaaS (Software as a Service, als online dienst), maatwerk, web services, het zijn allemaal vormen van applicaties en applicatiemanagement. De verschillen tussen deze vormen zorgen voor verschillen ten aanzien van de invoering, de verantwoordelijkheid en de inpassing in de organisatie.

4.2 Gebruiksondersteuning

Het eerste en voor de buitenwereld meest zichtbare proces is *Gebruiksondersteuning*. Applicaties zijn er om te gebruiken. Dit gebruik door gebruikers en gebruikersorganisaties gaat zelden voor de volledige honderd procent vanzelf. Bijna altijd is er een vorm van ondersteuning noodzakelijk. Het proces dat de communicatie hiervoor organiseert is het proces *Gebruiksondersteuning*.

Doelstelling van *Gebruiksondersteuning* is het realiseren van optimale ondersteuning bij het gebruik van de applicaties door een zo goed mogelijke communicatie met de afnemers en het zo goed mogelijk afhandelen van meldingen over het gebruik van en eventuele afwijkingen in de applicatie en dienstverlening, conform afspraken.

Anders dan bij andere vormen van IT-dienstverlening bestaat
de doelgroep van *Gebruiksondersteuning* (binnen andere
frameworks vaak 'incidentmanagement' geheten) binnen ASL
meestal niet uit eindgebruikers, maar uit functioneel beheerders
en business informatiemanagers. Ook infrastructuurmanagement
of een andere applicatiemanagementorganisatie kan de
doelgroep zijn.

De doelgroep van *Gebruiksondersteuning* bestaat meestal uit
minder personen dan de groep eindgebruikers en meestal zijn ze
ook ervaren en skilled. Daardoor is het proces van afhandelen
van vragen en incidenten in de regel minder omvangrijk en
intensief dan bijvoorbeeld bij infrastructuurmanagement.
Maar dat wil niet zeggen dat het proces niet belangrijk is.
Zeker bij leveranciers van standaardoplossingen, maar ook bij
maatwerk wordt de beleving van de kwaliteit van de leverancier
vaak sterk bepaald door de kwaliteit van dit proces.

Proactieve communicatie en reactieve communicatie
Veel proces-frameworks kennen een proces 'incidentmanagement'. De doelstelling hiervan is om verstoringen op een
efficiënte wijze af te handelen. Incidentmanagement is daardoor
in principe een reactief proces, het reageert op een gebeurtenis.
Gebruiksondersteuning binnen ASL heeft zowel een reactieve
als een proactieve component. Belangrijk is om vragen, klachten,
verstoringen en andere meldingen conform de gemaakte
afspraken op een prettige wijze af te handelen.
Doelstelling van een leverancier moet echter zijn om zo veel
mogelijk proactief te zijn en dus zo veel mogelijk te communiceren om te voorkomen dat er incidenten of vragen ontstaan.

In de recente jaren hadden klanten de ervaring dat ISPM steeds lastiger bereikbaar werd voor vragen en klachten.

Het Customer Care Center was opgeheven. In plaats daarvan werd er gebruikgemaakt van een helpdesk die geleverd werd door een Indiase partij. De klanten konden opgeven dat ze alleen gebruik wilden maken van de Nederlandstalige ondersteuning van de helpdesk, maar moesten daar dan wel meer voor betalen. De standaard dienstverlening was Engelstalig, wat niet altijd meeviel.
Alle wijzigingsverzoeken en incidenten, maar ook vragen moesten via deze helpdesk aangemeld worden.

Eigenlijk had het, behalve ogenschijnlijke besparingen, helemaal niets opgeleverd. De helpdesk kon over het algemeen weinig vragen beantwoorden en zorgde alleen maar voor registratie en doorverwijzing. De klanten werden steeds ontevredener. Oude klanten, die de medewerkers van ISPM nog kenden, probeerden deze medewerkers direct te benaderen om zo hun vraag beantwoord te krijgen. Nieuwe klanten gaven de hoop soms gewoon op. En ook de medewerkers van ISPM waren niet tevreden. Zodra ze, om wat voor reden dan ook, in contact kwamen met klanten, kregen ze veel klachten, vragen en gezeur over zich heen. En meestal konden ze daar zelf weinig aan doen.

Ciska, die in het verleden het incidentbeheer had uitgevoerd, samen met Henk en Thijs, is kort voor binnenkomst van Jan teamleider van de beheercluster van PARIS geworden. Ze is meteen begonnen om in een sneltreinvaart de best practices uit het verleden terug te halen.
'Ach', zei ze tegen Henk, die het eigenlijk te gek voor woorden vond dat ze nu weer helemaal opnieuw konden beginnen, 'het houdt je van de straat.'

Met hulp van Henk en onder het goedkeurend oog van Jan, zijn de procedures en afspraken snel ingevoerd. Het lijkt erop dat er zelfs weer iets als een Customer Care Center ontstaat, maar Ciska en Henk passen er wel voor om het zo te noemen. Bij een deel van de organisatie leeft nog altijd het idee dat dergelijke activiteiten beter in een lagelonenland uitgevoerd kunnen worden.

Ook is er nu veel meer aandacht aan proactieve communicatie gegeven, mede door de nieuwe marketingmanager die hier veel belang aan hecht. Regelmatig stuurt het team via e-mail een PARIS-nieuwsbrief uit. De nieuwsbrief wordt op de internetpagina opgenomen. Vooral de consultants zorgen voor input voor de nieuwsbrief. Uit de opdrachten die ze bij klanten uitvoeren komen meestal meer dan voldoende ideeën.

Een nieuw idee van Ciska, ontstaan tijdens een van de gebruikersoverleggen, is het communiceren van tips van klanten. De marketingmanager is laaiend enthousiast. Op de website wordt ruimte ingevoegd voor een soort blog, waar alle klanten op kunnen inloggen. Een klant die een tip heeft kan die zelf

> toevoegen. De tagcloud op de blogpagina zorgt ervoor dat andere klanten snel bruikbare tips kunnen vinden. En met een tweet kan men iedereen informeren over een nieuwe tip. Het gaat snel: binnen een maand staan er al zo'n vijftig tips op de blog.
> Het mes snijdt aan twee kanten: de productconsultants krijgen door het lezen van de tips een aardige kijk op de door de klanten gewenste functionaliteit.

4.3 Configuratiebeheer

Meer dan in het verleden worden applicaties opgebouwd uit verschillende onderdelen (componenten). Maar ook zijn er verschillende versies van die applicaties of applicatie-onderdelen in gebruik bij verschillende klanten of op verschillende sites. Het bewaren van informatie over wat waar gebruikt wordt en welke afspraken daarover zijn, valt onder *Configuratiebeheer*. Het proces *Configuratiebeheer* heeft als doelstelling het in kaart hebben van alle applicatieobjecten en services, waarvoor de applicatiemanagementorganisatie verantwoordelijk is en het verstrekken van accurate informatie hierover om andere applicatiemanagementprocessen te ondersteunen.

Hier wordt dus bijgehouden welke versie, release en/of patch ('tussentijdse' nieuwe versie van een programma om een fout snel op te lossen) een klant heeft en ook (eventueel) welke ondersteuning hiervoor is afgesproken.

Door goed configuratiebeheer kan men basisfouten in de dienstverlening van beheer vermijden, eenvoudig omdat men actuele informatie en correcte informatie heeft over wat de klant gebruikt en welke services met de klant zijn afgesproken.

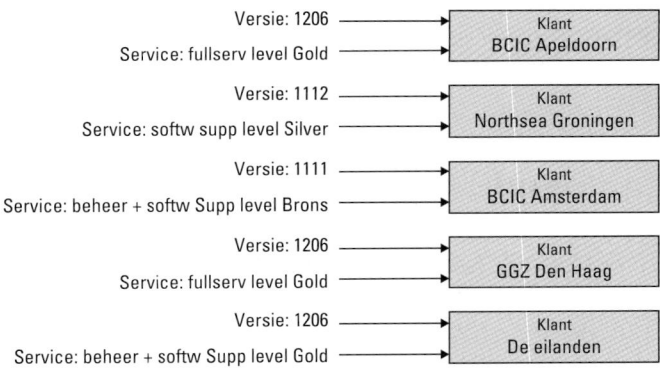

Figuur 4.2 Configuraties en services

In maatwerksituaties, situaties met één klant en één exploitatieomgeving is *Configuratiebeheer* erg overzichtelijk. Bij grote en veel gebruikte systemen met veel versies, patches en klanten is dat aanzienlijk complexer.
Ook vragen klanten niet altijd dezelfde dienstverlening of hetzelfde niveau aan dienstverlening. Bij het uitvoeren van het beheer is dit ook belangrijke informatie.

Configuratiebeheer is geen proces waar een klant actief mee te maken krijgt. Het is een informatieverstrekkend proces, voorwaardenscheppend voor de andere beheerprocessen binnen ASL.

Het configuratiebeheer van PARIS is behoorlijk op orde. Men werkt redelijk gedisciplineerd en het uitvoeren van hoogstaand configuratiebeheer is in de genen gegroeid. Men heeft actuele informatie over welke versie door welke klant gebruikt wordt en onder welke condities. Ook heeft men actuele informatie over datgene wat met de klant is afgesproken over de dienstverlening.

ISPM heeft bij dit proces niet zo'n last gehad van de achteruitgang op kwaliteitsgebied. Dat is ook weer niet zo vreemd: het heeft nooit zo veel gekost en het is toch wel erg prettig dat alle informatie op orde is. Ook het feit dat de medewerkers weten wat afgesproken is over de dienstverlening met de klant is wel handig.

Dat is anders bij de nieuwe divisie 'AM Factory', daar is het helemaal niet op orde. Er zwerven wel een paar Excel-sheets rond, met informatie over de versies van de verschillende toepassingen en hoe die opgebouwd zijn, maar erg up-to-date en volledig zijn die lijsten niet.

Achter de brede rug van Hendrik de Groot, al jaren proceseigenaar van configuratiebeheer, is het altijd wel rustig doorgegaan bij de groep PARIS.
De vorige directie had nog wel eens een voorstel gedaan om het configuratiebeheer van PARIS te integreren in het gelijknamige proces van infrastructuurmanagement. Het kostte Hendrik wel wat moeite om ze te overtuigen van het nut en noodzaak van een eigen configuratiebeheer. Zijn vastberaden houding ('Over mijn lijk!') zorgde ervoor dat de directie daar toch maar vanaf zag.
Hendrik zag de bui al hangen. De mannen van infrastructuurmanagement waren langs geweest om te zien hoe zijn CMDB was ingericht. Dat er verschillende versies van hetzelfde pakket geregistreerd werden snapten ze al niet. Dat er ook nog dienstverleningsobjecten werden bijgehouden begrepen ze helemaal niet. Dat kon er wat hen betreft direct uit.

> Dat zou tenslotte in het contract moeten staan.
> Nee, van de juiste informatie op het juiste moment zou weinig
> meer overblijven.
>
> Jan is blij te zien dat het configuratiebeheer nog steeds zo
> goed op orde is. Het stelt hem gerust dat de professionali-
> seringsslag van een paar jaar geleden niet helemaal zonder
> resultaat is gebleven. En het geeft hem de ruimte om zich te
> richten op andere, meer nijpende problemen.
> Maar niet voordat hij Hendrik gevraagd heeft ook voor de
> AM Factory het configuratiebeheer op orde te maken, iets
> wat Hendrik binnen een maand geregeld heeft.

4.4 Operationele ICT-sturing

Het proces *Operationele ICT-sturing* verzorgt de noodzakelijke
sturing van de exploitatieomgeving en -leverancier. Om applicaties te kunnen gebruiken moeten ze draaien op een computer-
infrastructuur.

Het beheer van de infrastructuur en het opstarten en draaien
van applicaties valt onder de werkzaamheden van het infrastructuurmanagement. Echter, om grotere applicaties te kunnen
gebruiken en draaien is vaak kennis van de applicatie noodzakelijk, zeker indien de applicatie niet het gedrag vertoont dat
je verwacht.

Ook wordt meer en meer gebruikgemaakt van applicaties in de
'Cloud' of op ASP-basis. Dit betekent dat de leverancier van de
oplossing de totale verantwoordelijkheid krijgt over het geheel
aan IT-dienstverlening dat samenhangt met een applicatie. De
applicatie en infrastructuur worden vanuit afnemersoptiek één

onlosmakelijk geheel. Sturing van infrastructuurmanagement is dan een belangrijk onderdeel van het applicatiemanagement. Maar ook indien applicatiemanagement die verantwoordelijkheid niet heeft, is het noodzakelijk dat infrastructuurmanagement de juiste kaders meekrijgt voor het gebruik en dat de applicatie afgestemd blijft op de mogelijkheden en onmogelijkheden van het platform. En dat er een aanspreekpunt is. Het proces *Operationele ICT-sturing* verzorgt dit alles.

Doelstelling van het proces *Operationele ICT-sturing* is daarom het verzorgen, bewaken en waarborgen dat applicaties (of onderdelen van applicaties) het juiste en afgesproken gedrag vertonen in de exploitatiesituatie en dat de dienstverlening hieromtrent ook conform afspraken is.

Kwaliteitsaspecten
Operationele ICT-sturing stuurt op drie kwaliteitsaspecten: bedrijfszekerheid, beheersbaarheid en doelmatigheid.

Onder bedrijfszekerheid verstaan we beschikbaarheid en betrouwbaarheid:
- Beschikbaarheid van de applicatie is de mate waarin de applicatie of onderliggende objecten aanwezig zijn voor gebruik op de werkplek. Het gaat hierbij dus om de openingstijden voor de on-lineverwerking, de tijdigheid van de batchverwerkingen, de aanwezigheid van documentatie op de juiste plaats, de beschikbaarheid van de (gearchiveerde) gegevensbestanden.
- Betrouwbaarheid heeft te maken met de juiste werking van de applicatie. Relevante criteria hierbij zijn het aantal verstoringen tijdens gebruik, de frequentie van fouten en de tijdsduur van storingsvrij opereren.

Beheersbaarheid doet uitspraken over de mate, waarin infrastructuurmanagement de applicatie in operationele staat kan brengen en houden. Dit heeft te maken dus met inzichtelijkheid en stuurbaarheid van de applicaties vanuit infrastructuurperspectief. Productiedocumentatie (waarin onder andere de eisen aan de infrastructuur en de sturings- en bijsturingsmogelijkheden van de applicatie staan) vult hier veel van in.

Doelmatigheid geeft aan in hoeverre de applicatie op een efficiënte wijze gebruikmaakt van de technische infrastructuur en dus werkbaar is voor de afnemer.

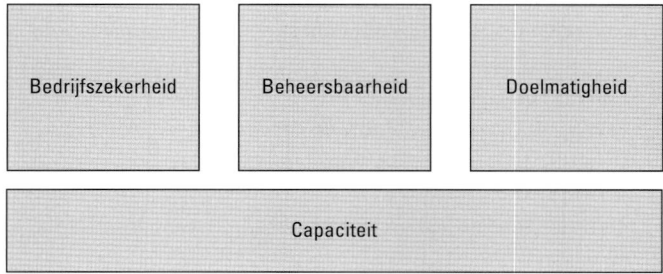

Figuur 4.3 Onderwerpen *Operationele ICT-sturing*

Onderliggend aan deze kwaliteitsaspecten is de capaciteit. Om te kunnen draaien moet de exploitatieomgeving over voldoende capaciteit beschikken. Capaciteitsbeheer houdt zich bezig met het afstemmen van de inzet van resources van de infrastructuur in relatie tot de vraag. Het doel van het subproces capaciteitsbeheer is het op het juiste moment en in de juiste hoeveelheden toewijzen van de juiste resources aan de te leveren diensten.

Relatie met infrastructuurmanagement

Of en de wijze waarop het infrastructuurmanagement moet worden aangestuurd (of alleen ondersteund of geadviseerd) is sterk afhankelijk van de wijze en plaats van de applicatiemanagementorganisatie in de dienstverleningsconstellatie. Er zijn diverse vormen mogelijk:

- Een leverancier van pakketten, die geen directe zeggenschap en verantwoordelijkheid voor de infrastructuur heeft, zal zowel proactief als reactief sturen. Proactief in de zin dat vooruit bedacht en getest moet worden hoe ervoor gezorgd kan worden dat de applicatie op alle te ondersteunen platformen goed en foutloos draait. Reactief, omdat men vaak niet actief de infrastructuur en het infrastructuurmanagement kan en mag aansturen. En dus mag en moet men pas reageren, als er vragen komen, verstoringen zijn et cetera. En in die situatie moet men snel acteren.
- In een ASP-situatie of bij maatwerk wordt verwacht dat de applicatiemanagementorganisatie wel actief en sturend optreedt. Natuurlijk betekent dit niet dat men infrastructuurmanagement gaat uitvoeren of sturen. Maar men voert vaak wel de regie over het geheel van de dienstverlening en wordt door de klant dus ook aangesproken op de resultaten van infrastructuurmanagement.
- Soms zal applicatiemanagement als systeemintegrator verantwoordelijk zijn voor het geheel aan applicatiedienstverlening. De organisatie wordt dus aangesproken op het geheel van het functioneren van achterliggende applicatiemanagementorganisaties. Soms is de systeemintegrator ook verantwoordelijk voor infrastructuurmanagement, maar dat hoeft niet.
- Soms zal een pakket door andere partijen ter beschikking worden gesteld. In die situatie, waarbij de infrastructuur-

leverancier of een andere partij als eindverantwoordelijke optreedt, zal applicatiemanagement vooral faciliterend optreden.

De invulling van het proces zal dus iedere keer verschillen.
De kern van het proces is natuurlijk wel vergelijkbaar:
- Het aangeven van verwachtingen, ontwikkelingen en eisen.
- Het doorgeven en bewaken van de afhandeling van signalen, vragen en klachten.
- Het bewaken en zo nodig bijsturen.
- Het bepalen van de impact van wijzigingen en maatregelen op de doelmatigheid, betrouwbaarheid, beschikbaarheid en beheersbaarheid van de applicatie.

> Het hart van PARIS, dat grotendeels op een mainframe draait, is behoorlijk robuust en stabiel. Uiteraard zijn er wel eens incidenten, maar echt groot zijn die nooit. En meestal zijn ze snel opgelost. Dat is natuurlijk ook niet zo vreemd. Het systeem is al vele jaren oud en de kinderziekten zijn er ondertussen wel uit.
>
> Dat is anders bij de onderdelen die op kleinere platforms draaien en zeker voor de onderdelen die een directe koppeling met internet hebben. En ook in de interfaces met de systemen van de klanten, zoals de financiële systemen, treden regelmatig problemen op.
> Omdat dat toch wel zorgelijk is en er ook regelmatig klachten zijn, besluit Jan hier meteen iets aan te gaan doen. Op aanraden van Hendrik huurt hij een van de medewerkers van het datacentrum in. Die kent PARIS weliswaar helemaal niet, maar hij heeft wel heel veel kennis over platformen,

netwerken en koppelingen en is ook wat meer proactief en assertief.
Erik van de Werf, zoals de consultant heet, constateert dat de gebruikte tooling op het mainframe in ieder geval goed werkt en goede informatie geeft. Omdat bij de servers eigenlijk helemaal geen tooling is geïnstalleerd, is hij op zoek gegaan naar iets geschikts. Nadat die geïnstalleerd is krijgt hij in ieder geval informatie over het verbruik en dergelijke. Nog niet erg gestructureerd, maar het is een begin en geeft toch wat inzicht.
Sommige klanten hebben al aangegeven ook geïnteresseerd te zijn.

Als hij samen met Jan de afspraken en procedures bekijkt, merken ze dat diverse beheertaken nog wel eens blijven liggen. De medewerkers weten niet waar ze die uren op kunnen schrijven en hebben het idee dat het heel veel tijd kost en weinig oplevert. Erik stelt specificaties op en laat een ontwikkelaar van PARIS een programmaatje ontwikkelen. Daarmee kan heel eenvoudig een planning voor de verschillende beheertaken gemaakt worden. Zo is het voor de medewerkers en het management veel inzichtelijker wat er allemaal gedaan moet worden en hoeveel tijd dat kost. Het blijkt al snel dat veel van de beheertaken helemaal niet veel tijd kosten, soms maar een kwartiertje, maar wel veel problemen kunnen voorkomen. De beheerders ervaren het als heel prettig om wat stopwerk te hebben voor de rustige uren en taken van de lijst af te vinken. Ze beginnen zelfs een beetje een competitie met elkaar aan te gaan wie de meeste taken in een week kan afvinken.

> Jan is erg tevreden over de vooruitgang. Het aantal inciden-
> ten veroorzaakt door problemen in koppelingen of capaciteit
> neemt duidelijk waarneembaar af. Het lijkt hem dan ook een
> goed idee om eens met het management van het datacentrum
> te overleggen. Misschien kan Erik daar ook wat verbeteringen
> inbrengen.

4.5 Continuïteitsbeheer

Het vierde proces binnen de beheercluster is het proces *Continuïteitsbeheer*. *Continuïteitsbeheer* heeft als doel het realiseren van continuïteit van bedrijfsprocessen door het nemen van maatregelen om de continuïteit van de applicaties en de gegevensverwerking op langere termijn te waarborgen.
In informatiesystemen zitten vaak kritische gegevens van een organisatie opgeborgen. Zonder deze gegevens kan de organisatie niet werken, soms zelfs niet eens bestaan. Stel een bank voor, waar door een ongeluk de rekeningnummers en de transacties op de rekeningen verdwenen en niet meer terug te halen zijn. Of een ziekenhuis, waar de patiëntendossiers verdwenen zijn.

Het proces *Continuïteitsbeheer* zorgt dus voor de continuïteit op de langere termijn. Ook het nemen van maatregelen die ervoor zorgen dat de informatievoorziening ook in uitzonderlijke omstandigheden adequaat functioneert, is onderwerp van *Continuïteitsbeheer*.

Onderwerpen *Continuïteitsbeheer*

De continuïteit kan op vele manieren bedreigd worden, bij-voorbeeld door ongeoorloofd gebruik van buitenaf (hackers die inbreken) of ongeoorloofd gebruik van binnenuit (fraude, interne medewerkers die ongeoorloofde dingen doen). Beveiliging moet dit ongeoorloofd gebruik bannen. Voorbeelden van beveiligingsmaatregelen zijn fysieke beveiliging, wachtwoorden, toegangsbeveiliging (voor zowel de infrastructuur als de applicatie), applicaties die functiescheiding kennen in de functionaliteit en daarop afdwingen, verschillende profielen in de applicaties.

Bedreigingen kunnen ook de gebruikte middelen betreffen. Brand kan een computercentrum vernietigen, communicatiekabels kunnen al dan niet bewust doorgesneden worden, computers of onderdelen ervan kunnen crashen. Dergelijke calamiteiten zijn zeer risicovol voor een organisatie. Uitwijk (de mogelijkheid om ergens anders door te gaan met verwerking), back-up (bewaren van kopieën van gegevens), mirroring en dubbele uitvoering (gelijktijdig op twee of meerdere plekken uitvoeren van de verwerking en/of opslaan van de gegevens) zijn maatregelen die deze continuïteitsrisico's voor de organisatie kunnen verminderen.

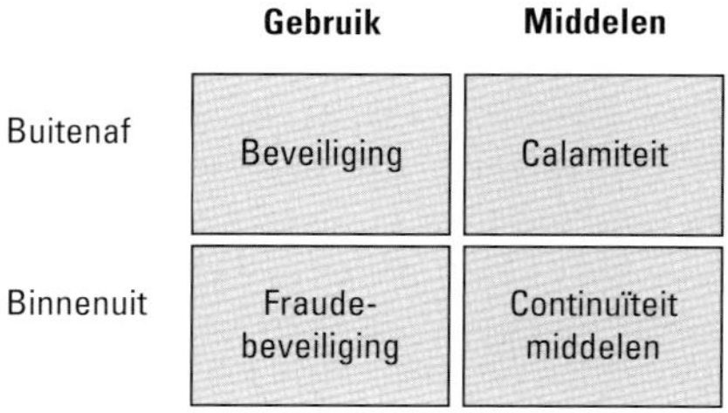

	Gebruik	**Middelen**
Buitenaf	Beveiliging	Calamiteit
Binnenuit	Fraude-beveiliging	Continuïteit middelen

Figuur 4.4 Onderwerpen bij *Continuïteitsbeheer*

Ook aan continuïteit van de gebruikte middelen zelf kunnen risico's kleven. Platformen kunnen niet meer ondersteund worden door de leverancier of niet meer aansluiten op nieuwe ontwikkelingen. Het effect hiervan is vaak minder acuut zichtbaar, maar kan op den duur toch dramatische gevolgen hebben. De continuïteit van de gebruikte middelen (platform, databasetechnologie, programmeertaal et cetera) is dus ook een belangrijk onderwerp in dit proces.

> Jan is een beetje verbaasd te ontdekken dat continuïteitsbeheer heel goed geregeld is bij ISPM. Maar zo heel raar is dat eigenlijk ook weer niet. Via PARIS en andere systemen gaan er veel gegevens over de lijn: financiële gegevens, informatie over intern en extern personeel, klantgegevens. Zeker de klantgegevens bevatten de laatste jaren steeds meer vertrouwelijke informatie zoals bankrekeningnummers.
> Een paar van de grotere beursgenoteerde klanten hebben in het verleden wel eens problemen gehad. Om te voorkomen dat dat nog eens gebeurt, hebben ze in de nieuwe contractbesprekingen harde eisen over beveiliging en continuïteit gesteld, die ook zijn opgenomen in de contracten.
>
> Dus is er de afgelopen jaren de nodige aandacht geweest voor continuïteitsbeheer. Er zijn maatregelen genomen zoals een uitgebreide uitwijkvoorziening waarbij ook rekening is gehouden met uitwijk van de ontwikkelomgeving, de sources en de documentatie. En uiteraard zijn er ook beveiligingsmaatregelen genomen en afspraken en procedures gemaakt voor het veiligstellen van de programmatuur voor de klanten bij eventueel faillissement.
>
> In de contracten is tegenwoordig ook opgenomen dat de continuïteitsmaatregelen ieder jaar door een externe partij gecontroleerd moeten worden. Daarbij krijgt ISPM de mogelijkheid om eventueel geconstateerde tekortkomingen binnen een maand op te lossen.

Het lijkt, gezien de acties van de vorige directie die vooral bezig was met kostenbesparing, een vreemde actie om zo veel te investeren in continuïteit. Maar de klanten waren zonder meer bereid meer te betalen. En zo kon ISPM de investering toch weer terugverdienen.
Bovendien hebben de goede regelingen bijgedragen aan het imago van ISPM. Er zijn diverse nieuwe klanten die aangeven vooral vanwege de goede resultaten op gebied van continuïteit over te willen stappen naar ISPM en PARIS.

Jan hoeft eigenlijk alleen maar op zoek te gaan naar een nieuwe proceseigenaar voor continuïteitsbeheer.

5 Onderhouds- processen

Het tweede procescluster op het uitvoerende niveau is Onderhoud en vernieuwing. Onderhoud en vernieuwing bevat de werkzaamheden die zich bezighouden met het ontwikkelen en veranderen van de applicatie en de functionaliteit van de applicatie.
Bijna altijd wordt het merendeel van de menscapaciteit binnen applicatiemanagement besteed aan dit procescluster. Dat is ook logisch: de kern van applicatiemanagement is het aanpassen van applicaties aan de veranderende behoeften.

Processen in de cluster
De procescluster Onderhoud en vernieuwing kent vijf processen (zie ook figuur 5.1):
- *Impactanalyse.*
- *Ontwerp.*
- *Realisatie.*
- *Testen.*
- *Implementatie.*

Vormen van Onderhoud en vernieuwing.
Applicatiemanagement komt in vele varianten voor, in de inleiding van dit boekje kwam dat al naar voren. Voorbeelden hiervan zijn:
- Het onderhouden van een maatwerkoplossing, een applicatie die speciaal gebouwd is voor één klant of afnemer.
- De ontwikkeling van een standaardcomponent die elders ingezet wordt.

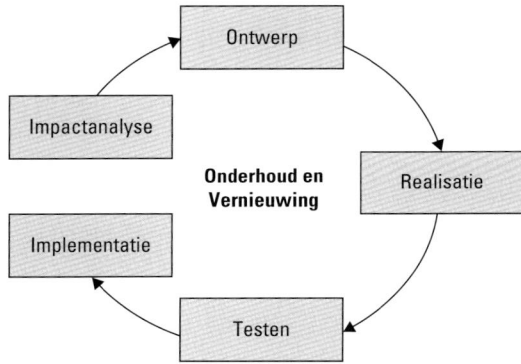

Figuur 5.1 De procescluster Onderhoud en vernieuwing

- Het bouwen van een managementinformatiesysteem (of een andere applicatie), dat zijn gegevens vanuit andere systemen betrekt.
- Het vernieuwen van een applicatielandschap, het vernieuwen van een enigszins aan elkaar gerelateerd conglomeraat van applicaties.
- Het bouwen en onderhouden van een pakket.
- Het uitvoeren van de systeem/applicatie-integratie voor een organisatie.

Dit betekent dat ook bij Onderhoud en vernieuwing de invulling per situatie kan verschillen.

Werkzaamheden
Ondanks die verschillen zijn de werkzaamheden van applicatiemanagement in de kern redelijk vergelijkbaar en ook gebaseerd op min of meer vergelijkbare theoretische achtergronden. Ontwerp, realisatie, test en implementatie is een vast stramien,

in elke aanpak. De invulling, sturing en structurering van de
activiteiten kunnen verschillen.

Of om concreter te zijn: hoe men programmeert, test en ontwerpt
is in de kern redelijk vergelijkbaar. Maar de inpassing in de
omgeving, de structurering, de gebruikte methode, het aantal
stappen dat men doorloopt, de fasering en de wijze van sturing
kunnen sterk verschillen.

Zo kan men volgens een watervalmethode werken, waarbij
men een fase afrondt voordat men naar een volgende fase gaat.
Bij Agile doorloopt men korte cycli, waarbij er meer interactie
met de afnemer is. Bij inregeling van een standaardpakket
voert men andere activiteiten uit dan bij pure programmering.
Vrijheidsgraden genoeg, maar ook genoeg overeenkomsten.

5.1 Impactanalyse

Het eerste proces binnen dit procescluster is *Impactanalyse*.
Doel van het proces *Impactanalyse* is ervoor te zorgen dat er een
beheerste uitvoering mogelijk is voor de realisatie van een nieuwe
release of oplossing. Daarom wordt voorafgaand aan een nieuwe
release of een nieuwe oplossing het volgende in kaart gebracht:

- Wat houdt de wijziging of de functionaliteit in?
- Welke delen van de bestaande applicatie of de omgeving
  worden erdoor geraakt?
- Wat zijn de consequenties voor de applicatie, de omgeving en
  het verdere onderhoudsproces?
- Welke alternatieven zijn er voor de realisatie, welke
  oplossingsrichtingen worden er voorgesteld?
- Hoe realiseren we de wijziging of de release op hoofdlijnen?

De idee achter *Impactanalyse* is dat door goed na te denken
over de oplossingsrichting en de impact op de omgeving een
beheersbare uitvoering van de overige werkzaamheden in

de procescluster mogelijk is. Veel van de overschrijdingen en problemen in releases of wijzigingen zijn een gevolg van te weinig kennis vooraf: al doende komt men tot de ontdekking dat een wijziging meer impact op de rest van de applicatie of de omgeving van de applicatie (het platform waar het op draait, de omliggende applicaties) heeft dan men gedacht had.

Vooraf goed overdenken wat de vraag is, de wijze waarop deze gerealiseerd gaat worden, de oplossing en het resultaat terugkoppelen en de impact daarvan verwerken bespaart zorgen en kosten en verhoogt de voorspelbaarheid.

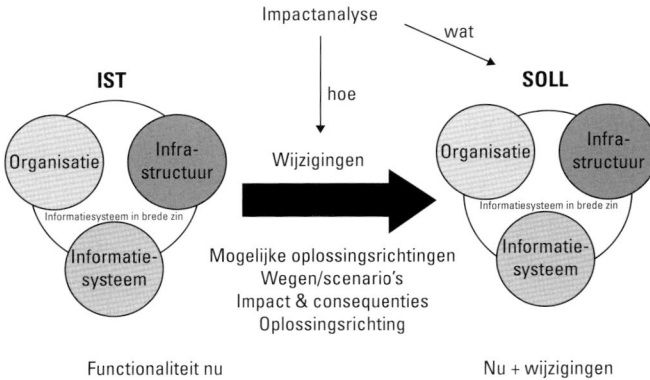

Figuur 5.2 De impactanalyse

Op basis van de impactanalyse kan men een concrete en betrouwbare schatting maken voor de benodigde capaciteit, doorlooptijd en indeling van de uitvoering.

Het is belangrijk om in een impactanalyse niet alleen aandacht te besteden aan de systeemtechnische aspecten. Ook de impact voor de gebruikersorganisatie, de exploitatie-omgeving en de

onderhoudbaarheid op langere termijn spelen een rol bij de afweging van een te kiezen oplossingsrichting.
Een gevolg van de resultaten van een impactanalyse kan bijvoorbeeld zijn dat de opdrachtgever kiest voor een minder perfecte oplossing en wat meer werk binnen de gebruikersorganisatie. Waar het om gaat is de meest optimale oplossing te kiezen.

> Niet zo heel lang na het vertrek van Jan van Bunschoten heeft Hans, de eerste proceseigenaar voor het proces *Impactanalyse*, gesolliciteerd op een andere functie bij ISPM. Na vele jaren PARIS had hij behoefte aan een nieuwe uitdaging en toen die zich voordeed in de vorm van een vacature bij de nieuwe club Consultancy was zijn besluit snel genomen.
> Het werk bevalt hem goed. Op basis van zijn uitgebreide ervaring bij PARIS adviseert hij klanten over vernieuwing van hun applicatielandschap. Veel klanten hebben te kampen met een uitgedijd applicatielandschap bestaande uit honderden applicaties, waarvan verschillende maar door een paar medewerkers gebruikt worden. Zijn adviezen worden zeer gewaardeerd. Hij heeft veel inzicht in de toegevoegde waarde van de applicaties voor de business en komt met pragmatische en betaalbare oplossingen.
>
> Tot zijn verbazing loopt hij tijdens een bedrijfsborrel Jan weer tegen het lijf. Jan is op zijn beurt erg blij om te zien dat Hans nog altijd bij het bedrijf werkt en vraagt hem om steun en advies.
>
> Want ook het proces *Impactanalyse* heeft te lijden gehad van de teruglopende budgetten. De opvolger van Hans heeft de impactanalyse al snel overboord gegooid. Het moest allemaal

goedkoper en meer flexibel, en de gedachte was dat bij nieuwe methoden en technieken producten als een impactanalyse ook niet meer nodig zijn. Men heeft een Agile-methode ingevoerd, maar eigenlijk zonder precies te weten hoe. Uiteindelijk komt het erop neer dat Agile synoniem is geworden voor time-boxing. En als de uren op zijn, houdt de kwaliteit of de verdere functionaliteit op. Om te voorkomen dat producten niet opgeleverd kunnen worden, heeft men vooral aan de voorkant, de impactanalyse, en de achterkant, het testen, veel activiteiten geschrapt. Zo snel mogelijk starten met realisatie is vandaag de dag het credo. Klanten waren in het begin wel tevreden, want nieuwe releases werden sneller opgeleverd. Maar van die tevredenheid is de laatste tijd helemaal niets meer over: de voorspelbaarheid en de kwaliteit van nieuwe versies is achteruit gegaan en iedere implementatie wordt gevolgd door een groot aantal fixes.

Vanwege de goede resultaten de vorige keer besluit Jan aan Hans te vragen om de verbetering van het proces weer op te pakken.
Hans doet het graag. Hij was de vorige keer aangenaam verrast door het feit dat een systematische aanpak de uiteindelijke doorlooptijd en de kansen op incidenten na oplevering behoorlijk kan verminderen. Hij heeft ook alle documenten en templates die er toen gemaakt zijn nog op zijn schijf staan, dus verbetering kan nu nog sneller. Hij heeft alleen even wat tijd nodig om zich in te werken in het vernieuwde PARIS.

Voor grote delen van PARIS gaat men nu, op hoofdlijnen, de ouderwetse aanpak weer hanteren. Nieuw is dat ook de onderaannemers worden betrokken bij de impactanalyse.

Dit zorgt wel voor extra coördinatie bij ISPM, wat meteen duidelijk maakt dat ook aan de coördinatie nog wel wat verbeterd kan worden.

Alles is uiteraard wel gemoderniseerd en aangepast aan de nieuwe mogelijkheden. In het begin heeft het wel wat strijd gegeven in het nieuwe team, de jonkies wilden er helemaal niet aan. Te bureaucratisch en te ouderwets. Hans vindt dat wel amusant. Hij herinnert zich nog goed dat hij eigenlijk precies dezelfde mening had over ASL. De notitie die hij toen aan Jan heeft gestuurd en waarin hij al zijn bezwaren had opgesomd, heeft hij ook nog ergens op zijn schijf staan. Na lezing zijn de jonkies iets meer overtuigd. Ze concluderen dat Hans niet de stoffige beheerder is die alleen maar volgens vaste methodes kan werken en dat geeft ze voldoende vertrouwen.

Doelstelling is om de 10-norm te halen: tien keer conform de impactanalyse, de elfde keer mag men even missen. Het lukt nog niet helemaal, maar na een paar maanden is duidelijk dat men op de goede weg is. Ook de klanten ervaren dat en geven de meest recente release een duidelijk hoger cijfer.

Eigenlijk zou Hans weer terug willen naar zijn consultancyclub, maar Jan heeft nog een andere opdracht voor hem.

5.2 Ontwerp

Na het proces *Impactanalyse* volgt *Ontwerp*. In de impactanalyse zijn de aanleiding, de veranderingsbehoefte en de oplossingsrichting van de wijzigingsronde of release in hoofdlijnen bepaald. Het proces *Ontwerp* beschrijft de wijzigingsbehoefte (of de gewenste functionaliteit) zodanig dat de gewenste functionaliteit van de applicatie eenduidig kan worden gerealiseerd en getest.

Doelen van een ontwerp

Een ontwerp beschrijft dus, op een functioneel niveau in detail, de aanpassing van de applicatie. Een goed ontwerp kent meerdere doelen:

- Het bevat een eenduidige vastlegging van dat wat de applicatie moet doen of gaan doen, zodat de bouwers ook weten wat zij precies moeten gaan realiseren. Deze doelstelling wordt belangrijker, zeker in geval van offshoring (het laten uitvoeren van de realisatie in een lagelonenland): juist dan is het essentieel dat datgene wat gerealiseerd moet worden eenduidig is beschreven.
- Het vormt een communicatiemiddel naar de opdrachtgever (vaak business informatiemanagement), zodat de opdrachtgever zich een beeld kan vormen van de wijziging of (nieuwe) functionaliteit.
- Het ontwerp kan gebruikt worden als besluitvormingsdocument voor acceptatie van de release of de applicatie. Op basis daarvan kan opdrachtdecharge verleend worden. Het is dus ook een instrument in het kwaliteitssysteem.
- Een ontwerp beschrijft ook wat de applicatie doet. In kader van overdracht, bijvoorbeeld bij outsourcing, of gewoon naar nieuwe medewerkers, is het dus een belangrijk en productief instrument, omdat men niet op basis van de programmacode hoeft te ontdekken wat het systeem doet.

Een volledig ontwerp besteedt aandacht aan drie invalshoeken:
- de gegevens, de beperkingen (constraints) en de samenhang tussen de gegevens;
- de bewerkingen op de gegevens door middel van transacties;

- de volgorde waarin de bewerkingen dienen te verlopen (het tijdsaspect). Vooral bij systemen met werkstromen is dit belangrijk.

> De samenwerking met Hans bevalt Jan goed. De man is kundig en heeft veel kennis, niet alleen over PARIS, maar ook over het bedrijf en de klanten. Dat is natuurlijk niet zo vreemd, Hans werkt al ruim twintig jaar voor ISPM en diens rechtsvoorgangers. Maar steeds in andere functies, zodat zijn blik niet echt beperkt is.
>
> Vooral om de kennis van PARIS vraagt Jan of Hans ook proceseigenaar wil zijn voor het proces *Ontwerp*.
> De vorige keer was de voormalig kwaliteitsmanager Marian van den Berg hier vooral mee bezig geweest. Zij stond toen voor de uitdaging om iets te doen aan het gebrek aan documentatie. Door consequent voor iedere release de benodigde documentatie op orde te brengen, en dat een paar jaar vol te houden, had ze bereikt dat uiteindelijk toch driekwart van het systeem beschreven was.
> Dat was voor de vorige directie een mooi moment om te bezuinigen op dit proces. 'Alles wat regelmatig gewijzigd moet worden is nu gedocumenteerd en de rest is niet van belang, daar wijzigt niets meer aan. Zonde om daar nog tijd en geld aan te besteden', aldus de directie. Jammer was dat de medewerkers van PARIS dachten dat er nu helemaal niets meer gedocumenteerd hoefde te worden. De driekwart was met de laatste releases en projecten weer terug naar de helft.
> Hans is nu aan het kijken wat wijsheid is: vanaf dit moment opnieuw starten met het bijwerken en actualiseren per release

of dat wat van de laatste releases nog op papier staat verwerken in de documentatie. Hij kiest voor het laatste. Er is net een nieuwe ontwerper aangetrokken en dit is een mooie klus voor hem om het systeem en de werkwijze een beetje te leren kennen.

Het datamodel is in ieder geval actueel en correct. Dat is wel plezierig. De laatste jaren is er wat meer verloop geweest en door het actuele datamodel ging het inwerken redelijk goed en snel genoeg.

Maar ook het proces *Ontwerp* heeft te lijden gehad van de eigen interpretatie van de Agile-werkwijze. Met als extra moeilijkheid dat men tegenwoordig, zeker voor de nieuwere delen van PARIS, ook gebruikmaakt van een team in India. Dat betekent dat de ontwerpen tegenwoordig in het Engels geschreven worden. Vooral de oudere beheerders hebben daar wat moeite mee. Iedereen heeft wel kennis van Engels, maar net onvoldoende om heldere en eenduidige ontwerpen op te stellen.

Hans weet niet of de uitbesteding van werk naar India nu echt veel winst oplevert, maar eigenlijk kan ISPM inmiddels niet meer zonder. Dit betekent wel dat er iets gedaan moet worden aan de kwaliteit van de ontwerpen en ook aan de kwaliteit van het Engels. Dat laatste is niet zo lastig. Hij neemt contact op met een opleidingsinstituut en binnen een paar weken start de eerste cursus Engels voor IT'ers. De cursus is een groot succes en na de eerste lichting schrijven ook de meeste andere medewerkers van ISPM zich in.

> Ook maakt Hans in samenwerking met de nieuwe proceseigenaar van *Realisatie* een vertaling van de meest gebruikte termen in de applicatie.

5.3 Realisatie

De functionaliteit van een informatiesysteem moet natuurlijk niet alleen ontworpen, maar ook gerealiseerd worden. Dit betekent dat er mensen nodig zijn die ervoor moeten zorgen dat het geautomatiseerde systeem het gewenste gedrag laat zien.

Vormen van realisatie

Realisatie kan op verschillende manieren gebeuren:
- parametriseren, inregelen of 'customizen';
- programmeren;
- assembleren.

Tegenwoordig betreft het vaak een combinatie van deze manieren.

Programmeren zorgt ervoor dat bestaande programma's worden aangepast, of dat nieuwe programma's worden ontwikkeld. Het programmeren gebeurt in een specifieke programmeertaal, een taal die programmeurs begrijpen en die door een computerprogramma (een compiler of interpreter) vertaald kan worden naar machinetaal (een voor mensen praktisch onleesbare taal, die de computer rechtstreeks aanstuurt).

Bij parametrisatie of inregeling richt men een standaardapplicatie (bijvoorbeeld SAP) zodanig in, dat het geheel de gewenste functionaliteit gaat vertonen.

Steeds vaker wordt deze standaardprogrammatuur weer gekoppeld aan andere stukjes functionaliteit en programmatuur, zoals componenten en webservices. Bij het assembleren koppelt men de verschillende stukken standaardprogrammatuur aan elkaar en zorgt men ervoor dat deze op de juiste manier verbonden zijn, zodat het geheel de gewenste functionaliteit vertoont.

Niet alleen programmatuur wordt gemaakt of aangepast, ook de gegevensstructuur wordt vaak aangepast. De gegevensstructuur beschrijft de wijze waarop de gegevens in een informatiesysteem zijn opgeslagen. Het vormt het fundament van een systeem. Wijzigingen in de structuur van de gegevens (het toevoegen van een kolom aan een tabel, uitbreiding van het aantal posities van een veld in een bestand) zijn onderwerp van het proces *Realiseren*.

Moeilijk
Programmeren is een vak, er gelden ontwerp- en bouwprincipes voor en het vereist een sterk analytische, rechtlijnige en precieze manier van werken. Omdat er veel hulpmiddelen gebruikt worden, is het nog complexer dan in het verleden.
Een vakmatige invulling en standaardisatie van de bouw- en (technisch) ontwerpwijze zijn belangrijk voor de overdraagbaarheid naar andere programmeurs. Inwerken in programmatuur maakt dat kleinere programma's wenselijk zijn, terwijl de ervaring leert dat programma's door onderhoud vanzelf groter worden. Onderhoud zonder expliciete aandacht daarvoor leidt in de regel tot een verminderde onderhoudbaarheid. Het is dus geen slecht idee om een slecht gestructureerd programma te herstructureren.

Voor het proces *Realisatie* gaat Jan op zoek naar een nieuwe proceseigenaar.
Van Theo, de vorige proceseigenaar, krijgt hij een goede tip. De laatst ingestroomde ontwikkelaar is een ambitieuze Nieuw-Zeelandse, een jonge vrouw van 25 jaar, hier neergestreken omdat ze een paar jaar geleden aan een Nederlandse backpacker is blijven hangen. Volgens Theo is ze een uitstekende opvolger. Ze heeft een ASL-training gevolgd en het certificaat gehaald. Groot voordeel is natuurlijk ook dat Engels haar moedertaal is en dat ze wat makkelijker kan communiceren met het team in India.

Alison is vereerd als Jan haar vraagt en neemt de uitdaging graag aan.

Ze was al begonnen met het opstellen van een woordenlijst. Het was haar opgevallen dat niet iedereen dezelfde Engelse termen gebruikte, hetgeen nogal eens tot verwarring in India leidde. Ook zorgden sommige vertalingen voor meer vragen dan duidelijkheid in India. Ze krijgt van Jan nu wat extra tijd en gelegenheid om de lijst af te ronden. Al gauw staat er een lijst met de meest gebruikte termen en een goede vertaling op intranet.

Daarnaast heeft ze een Engelstalige samenvatting van ASL 2 gemaakt. Ze heeft de cursus met plezier gevolgd en wil haar Indiase collega's graag op de hoogte brengen van hetgeen ze geleerd heeft.

Uiteraard heeft ook het proces *Realisatie* te lijden gehad onder de eigen interpretatie van Agile. Werd er al onvoldoende

functionele documentatie gemaakt, technische documentatie ontbreekt voor sommige delen helemaal.
Afgesproken wordt dat hier weer dezelfde methode gevolgd wordt als een paar jaar geleden: iedere keer als er een wijziging is, wordt eerst de documentatie op orde gebracht. Gelukkig gaat het meestal over de nieuwere onderdelen van PARIS, dus zit de kennis nog redelijk in de hoofden van de ontwikkelaars.

De laatste jaren is er weinig aandacht uitgegaan naar het onderhoud van de applicatie. Als er wijzigingen nodig waren of fouten opgelost moesten worden, dan werd dat gewoon gedaan. Meestal zonder impactanalyse en vaak zonder te kijken naar wat de consequenties van de wijziging waren. Dit resulteerde dan ook vaak in de nodige incidenten. Verschillende programma's zijn ondertussen zeer slecht onderhoudbaar, weinig ontwikkelaars wagen zich eraan. 'Spaghetti is daarbij vergeleken gestructureerd', volgens een van de ontwikkelaars. En het ging niet eens om de oudste programma's, maar juist om diverse van de nieuwere onderdelen.

Alison stelt daarom een notitie op met een voorstel om een structurele verbetering van deze programma's te krijgen en om ervoor te zorgen dat de onderhoudbaarheid van de programma's bij toekomstige wijzigingen geborgd wordt.
Zij zou graag zien dat er meer afspraken komen over het ontwikkelproces, zoals kwaliteitseisen aan de architectuur, hoe die te toetsen en afspraken over de op te leveren documentatie.

Ze dient de notitie in bij Jan die haar voorstelt daar eens met de kwaliteitsmanager over te praten.

5.4 Testen

Applicatiemanagement is een zeer arbeidsintensief vak, kent een hoge complexiteit in de oplossingen en vereist absolute zorgvuldigheid. Dat een programma (laat staan een volledige applicatie) in één keer goed gemaakt is, is bijna een onmogelijkheid en datzelfde geldt ook voor grote aanpassingen. Er zitten bijna altijd fouten in. Veel daarvan worden in het proces *Realisatie* opgelost. Maar zeker niet allemaal.

Eén fout leidt tot een niet-correcte werking van de applicatie. De consequenties hiervan kunnen extreem groot zijn. Testen van datgene wat opgeleverd wordt, is dus een vereiste. Dat applicaties in productie zo vaak goed werken, komt door het goede testen dat veelal plaatsvindt.

Het proces *Testen* zorgt ervoor dat de opgeleverde programmatuur en gegevensdefinities overeenkomen met datgene wat volgens het ontwerp opgeleverd moet worden.

Ook voor het proces *Testen* geldt dat dit gestructureerd opgezet en ingevuld kan worden. Er bestaan testmethoden, testhulpmiddelen en testaanpakken waarmee het mogelijk is om met redelijke zekerheid de meeste fouten in de programmatuur op te sporen en op te lossen.

Het is dus mogelijk om programmatuur foutvrij of praktisch foutvrij op te leveren. In veel organisaties gebeurt dit ook. Dat het toch geregeld fout gaat, is vaak te wijten aan te weinig tijd, te weinig prioriteit, opportunisme of te veel onzorgvuldigheid.

Zeker bij ontwikkeling van nieuwe applicaties, maar ook bij onderhoud is er een neiging om voortgangsproblemen, opgelopen tijdens de eerdere fasen of processen, te compenseren door te besparen op testen. Het ontwerpen mag langer duren, 'dat halen we wel weer in bij testen'.

Ook bij het gebruik van kortcyclische ontwikkelaanpakken (Agile) is het essentieel dat men het geheel goed test.

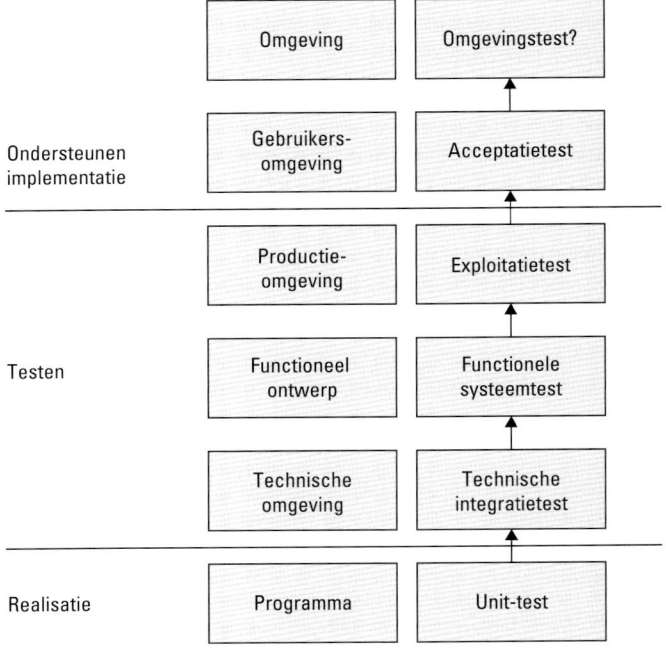

Figuur 5.3 Testen in de omgeving

Soorten testen

Om te komen tot foutvrije applicaties zijn verschillende soorten testen noodzakelijk. De belangrijkste staan in figuur 5.3 vermeld.

Zo is er de unit-test (waarmee het nieuwe of gewijzigde programma wordt getest, activiteit van *Realiseren*), de technische systeem- of integratietest (waarmee de applicatie in haar geheel technisch wordt getest), de functionele systeemtest (waarbij de applicatie op de gewenste functionaliteit wordt getest), de exploitatietest (waarbij infrastructuurmanagement test of de wijziging aan de productie-eisen voldoet) en de acceptatietest. Bij deze laatste test controleert business informatiemanagement (of een afgevaardigde daarvan) of er conform afspraken opgeleverd is.

Deze laatste twee testen (exploitatietest, acceptatietest) vallen niet binnen het framework van ASL. De acceptatietest is de verantwoordelijkheid van de afnemer/opdrachtgever en voor de exploitatietest is infrastructuurmanagement verantwoordelijk. ASL is een framework voor alleen applicatiemanagement. Er is natuurlijk wel rekening gehouden met de ondersteuning door applicatiemanagement van de verschillende disciplines bij deze testen.

Complicerend in de huidige ketenwereld is dat, hoe graag men dit ook zou willen, het meestal niet mogelijk is de hele omgeving te betrekken bij het testen. Een omgevings- of ketentest zou wenselijk zijn, maar of, en hoe, dit vormgegeven en uitgevoerd kan worden, is nog maar de vraag.

> Jan had de vorige keer Paul de Boer, toen een van de ontwerpers van PARIS, aangesteld als proceseigenaar *Testen*. Paul is nu geheel overgestapt van ontwerp naar testen en sinds twee jaar manager van de testconsultants.
> Eerst had de directie ook geprobeerd te bezuinigen op het testen. Naar hun mening zou de software gewoon goed gebouwd moeten worden en dan zou er helemaal niet getest

hoeven worden. Niet dat er helemaal niet meer getest werd, maar veel meer dan een unit-test door de ontwikkelaars en een beperkte functionele test – waarbij alleen het gewijzigde deel werd getest – door de ontwerpers werd er niet gedaan. Een technische integratietest werd overgeslagen omdat er eigenlijk niemand verantwoordelijk was voor de technische architectuur. En de regressietest, onderdeel van de functionele systeemtest, vond de directie onzin: waarom zou je delen van de applicatie die niet gewijzigd waren testen?

Maar toen was er een paar keer iets goed fout gegaan bij nieuwe versies waardoor de websites van sommige klanten 'uit de lucht verdwenen'. De eerste keer was men nog vergeeflijk. Maar toen het voor de tweede keer gebeurde, en ook nog bij een van de grotere klanten, was men minder vergevingsgezind. Er kwam een behoorlijke claim richting ISPM.
Dit bleek gelukkig een signaal waar de directie gevoelig voor was en dus kreeg Paul de kans om bij de directie een presentatie over testen te geven.

Paul gaf aan dat testen een proces is dat niet alleen achteraf, maar al tijdens de voortbrenging van de gewijzigde programmatuur start. Niet alleen tijdens het bouwen, maar ook in de ontwerpfase en bij het opstellen van de specificaties door de productconsultants kunnen fouten gemaakt worden die uiteindelijk tot productieproblemen kunnen leiden.
En zeker nadat ISPM was overgestapt naar offshore in India is het aantal overdrachtsmomenten alleen maar toegenomen en ook dat geeft meer kans op fouten.
Daarbij draait de programmatuur van PARIS eigenlijk bij geen enkele klant meer standalone. Er zijn veel interfaces met

websites en delen van de database van PARIS worden gevoed door andere systemen, soms zelfs door andere leveranciers. Paul kon aantonen dat hoe eerder in het proces een fout gevonden werd, des te minder geld en tijd het kost om de fout te herstellen.

Daarmee kon Paul de directie overtuigen van het belang van het testen. Hij kreeg dan ook de ruimte om een nieuwe testgroep op te zetten en om medewerkers op te leiden. Hij kon zelfs twee testconsultants met veel ervaring in testen en testmethoden aannemen.
Samen met hen heeft hij een opleidingsplan opgesteld en een nieuwe inrichting van het testproces gemaakt. Ook is er gezocht naar een tool om de regressietest geautomatiseerd te laten verlopen. Dit heeft ervoor gezorgd dat projectmanagers eerder genegen zijn om een regressietest in te plannen. Het kost niet veel tijd en verhoogt de kwaliteit aanzienlijk.

Nu verloopt het testen redelijk. Waar Paul nog wel mee zit is dat hij veel moeite moet doen om op de hoogte te blijven van projecten en onderhoudsrondes en om ervoor te zorgen dat zijn team tijdig betrokken is.

En wat nog altijd een lastig punt blijft is een ketentest. Eigenlijk is dit helemaal niet te doen. Alle klanten hebben hun eigen omgeving, met eigen infrastructuur en eigen andere applicaties met interfaces naar PARIS. En bovendien worden delen van de gegevens in PARIS ook weer doorgeleverd aan andere organisaties, die ook weer eigen interfaces hebben. Het blijkt ondoenlijk om dit alles bij te houden en te testen.

> En zo kan het nog wel eens gebeuren dat er toch een fout optreedt in een systeem van een van de afnemers.
> Waar ISPM in ieder geval voor zorgt is dat alle externe interfaces goed beschreven zijn en altijd uitgebreid getest worden. Mocht er dan toch iets fout gaan, dan ligt het aan de applicaties of de infrastructuur van de afnemer en daar heeft ISPM natuurlijk helemaal geen inzicht in en zeggenschap over.

5.5 Implementatie

Voordat een applicatie gebruikt kan worden, moeten er nog de nodige activiteiten uitgevoerd worden. Deze activiteiten zijn te vinden in het proces *Implementatie*. De doelstelling van het proces *Implementatie* is zorgen dat alle randvoorwaarden vanuit applicatiemanagement zijn ingevuld, zodat de nieuwe versie van de applicatie gebruikt kan worden. Deze doelstelling verdient nadere toelichting.

Implementeren

Het merendeel van de activiteiten om een nieuwe applicatie of een nieuwe versie in productie te brengen wordt uitgevoerd door business informatiemanagement en infrastructuurmanagement. De applicatie of de nieuwe versie is klaar en getest en zou in principe correct en gereed moeten zijn. Daarom hoeft applicatiemanagement tijdens het proces *Implementatie* niet zo veel werk te verrichten. Zij hoeft alleen maar activiteiten uit te voeren voor het afronden van een release of project, zoals het veiligstellen van de applicatie- en projectdocumentatie, opdat deze later ook weer gebruikt kunnen worden.

Infrastructuurmanagement echter moet de exploitatieomgeving geschikt maken voor deze nieuwe versie of de nieuwe applicatie. Dit kan veel werk betekenen. Soms moet er nieuwe hardware komen (meestal valt dat wel mee), maar bijna altijd moet de programmatuur op het platform gezet worden, 'ingehangen' worden in de omgeving, moeten de gegevensdefinities in productie aangepast worden et cetera.

Ook business informatiemanagement moet veel organiseren, zoals het veranderen van gegevens, communicatie naar of het opleiden van gebruikers en het uitvoeren van de gebruikersacceptatietest.

Applicatiemanagement zal bij deze werkzaamheden vooral een ondersteunende functie vervullen, omdat bij het implementeren kennis nodig is van de applicatie.

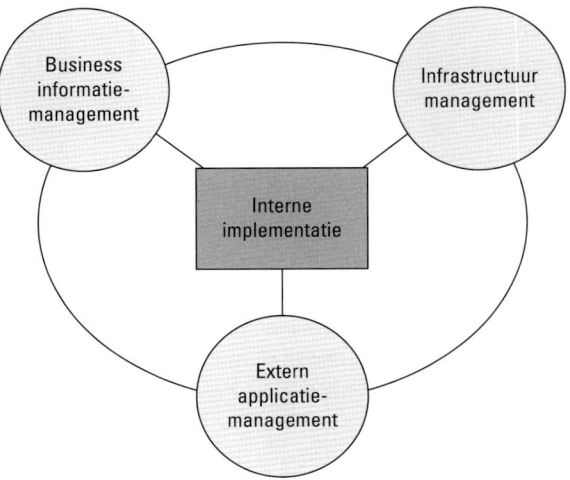

Figuur 5.4 Onderwerpen van *Implementatie*

Op de vraag van Jan hoe het gesteld is met het implementatieproces, heeft hij een map vol procesbeschrijvingen, procedures en templates gekregen. In alle beschrijvingen komt hij regelmatig de naam van Jim Veldman tegen. Die kent hij nog wel, hij heeft zelf Jim de vorige keer gevraagd als proceseigenaar van *Implementatie*.

Jim is inmiddels vertrokken, hij is voor zichzelf begonnen. Na zijn vertrek is er geen nieuwe proceseigenaar *Implementatie* gekomen. Het liep goed genoeg vond men en al die proceseigenaren waren alleen maar duur volgens de directie.

En dus is er eigenlijk niets veranderd aan de manier van implementeren zoals dat ooit door Jim is ingevoerd. Conversieprogrammatuur wordt nog altijd door applicatiemanagement gemaakt. De volledigheidschecklist wordt nog altijd bij iedere uitlevering keurig ingevuld.
Ook de Exploitatieverandering Nieuwsbrief wordt nog altijd gemaakt, hoewel die in de laatste paar jaar ingekort is tot een A-viertje met de belangrijkste punten. En ook de Gebruikersverandering Nieuwsbrief wordt nog altijd keurig opgeleverd. Jim heeft na het vertrek van Jan ook nog kans gezien om toch de Managementverandering Nieuwsbrief in te voeren. Die had Jan de vorige keer tegengehouden. Volgens hem was het management van de klantorganisaties niet geïnteresseerd in de details van de wijzigingen. Maar nu is deze nieuwsbrief er dan toch en wordt ook nog altijd keurig opgeleverd bij iedere release.

Jan besluit om eerst maar eens zelf met het proces aan de gang te gaan.

Het eerste wat hij doet is bij de klanten informeren wat ze van de Managementverandering Nieuwsbrief vinden. Zoals hij al verwacht vinden de meeste klanten de nieuwsbrief helemaal overbodig. Op een enkel geval na belandt de nieuwsbrief meestal direct bij het oud papier. Het is dus geen enkel probleem om die te schrappen. Dat scheelt in ieder geval weer tijd en papier.

De Gebruikersverandering Nieuwsbrief wordt nog wel steeds gebruikt en is voor de gebruikersorganisaties nog altijd relevant. Alleen zijn er wel steeds meer vragen over de samenstelling van de nieuwsbrief. Nu wordt alle informatie over de wijzigingen in de verschillende onderdelen van PARIS bij elkaar gezet. Maar de klanten zien liever dat de informatie per onderdeel van PARIS opgezet wordt. Dat maakt het voor hen een stuk makkelijker om het op te nemen in de eigen gebruikershandleidingen.
Ook is het niet meer nodig om de nieuwsbrief in HTML op te zetten. De klanten hebben hun eigen intranetsites met verschillende mogelijkheden om informatie te verspreiden. Door een gewoon tekstbestand te versturen kunnen ze zelf voor de verdere vormgeving zorgen.

Eigenlijk zijn het allemaal maar kleine aanpassingen. Het lijkt erop dat het proces inderdaad voldoende goed is ingericht.

Maar bij de laatste paar uitleveringen zijn er toch problemen naar voren gekomen die niet door het proces gedekt worden. Zo wordt de Exploitatieverandering Nieuwsbrief tegenwoordig vaak opgesteld door India. En omdat sommige klanten geklaagd hadden over het Engels heeft men de tekst door Google translate gehaald. Dat levert meestal onverklaarbare teksten op waar de klanten helemaal niets meer aan hebben. Gelukkig heeft dat, behalve wat hilariteit, nog geen echte problemen gegeven.

Wat wel problemen geeft is dat de informatie van de onderaannemers van ISPM niet wordt meegenomen in de nieuwsbrief. Hierdoor gaat er bij de klanten die PARIS zelf draaien wel eens wat mis. Dat wordt altijd wel opgelost, maar het geeft toch ergernis en tijdsverlies.

Voldoende, volgens Jan, om toch weer een proceseigenaar op *Implementatie* te zetten die een oplossing voor deze problemen kan vinden.
Hij vraagt hiervoor Edwin de Jong, een consultant van de afdeling Services en diensten. Edwin is vaak betrokken bij implementaties van PARIS en heeft ook een uitgebreid netwerk bij de onderaannemers en IT-afdelingen van de klanten. Voldoende ervaring dus om werkende afspraken en procedures te maken.

6 Verbindende processen

6.1 Inleiding
De Verbindende processen vormen de schakel tussen de beheerprocessen en de onderhouds- en vernieuwingsprocessen. De belangrijkste complexiteit bij de Verbindende processen is dat er vaak geen sprake is van een één-op-één-relatie tussen deze clusters.
Er kunnen meerdere versies van een applicatie in onderhoud zijn. Of een applicatie is op verschillende plekken in de wereld in beheer.

Er zijn twee Verbindende processen:
- *Wijzigingenbeheer, en:*
- *Programmabeheer en distributie.*

6.2 Wijzigingenbeheer
Wijzigingenbeheer zorgt voor het verzamelen van de uit te voeren wijzigingen, het maken van afspraken over de uitvoering van de wijzigingen en het tijdstip waarop en zet uiteindelijk ook de wijzigingen in gang. *Wijzigingenbeheer* krijgt de wijzigingen vanuit verschillende bronnen binnen, vanuit het businessinformatiemanagement (klant), de procescluster Beheer, de Sturende processen en het infrastructuurmanagement.

Wijzigingen en releases
Het ontwikkelen en onderhouden van programmatuur vraagt veel stappen en werkzaamheden, die ondersteunend zijn aan het uiteindelijke doel, namelijk goedwerkende nieuwe of gewijzigde programmatuur.

Door het clusteren van wijzigingen in releases of onderhoudsrondes kan de efficiency van het aanbrengen van de wijzigingen sterk verbeterd worden. Dit biedt ook de mogelijkheid om verdere optimalisaties te krijgen, bijvoorbeeld door wijzigingen in hetzelfde deel van de applicatie gelijktijdig aan te brengen. Binnen applicatiemanagement verstaan we onder een release een groep wijzigingen die gelijktijdig uitgevoerd en doorgevoerd worden. Niet alleen het moment van implementeren van de wijzigingen zien we als een release, maar ook het voorafgaande traject van ontwerpen, realiseren en testen.

Meerdere wijzigingsrondes
Het resultaat van *Wijzigingenbeheer* is dat er een onderhoudsronde wordt gestart, waarin de activiteiten van de procescluster Onderhoud en vernieuwing worden uitgevoerd. Een wijzigingsronde kan klein zijn, bijvoorbeeld de oplossing voor een fout, maar ook groot, zoals een release met verschillende wijzigingen of de complete vernieuwing van een deel van de applicatie. Vaak zijn er meerdere van dit soort 'wijzigingsrondes' tegelijk.
Als er, gedurende een dergelijke wijzigingsronde, sprake is van een serieuze fout of een productieverstoring, kan het zijn dat dit snel opgelost moet worden. Men start dan een snelle wijzigingsronde, vaak patch genoemd. De patch loopt parallel aan de reguliere wijzigingsronde, en ook parallel aan eventuele andere wijzigingsrondes (figuur 6.1). Dergelijke parallelle rondes maken *Wijzigingenbeheer* complex. Bij pakketten en standaardcomponenten kan het nog complexer worden. Vaak moet men meerdere versies van het pakket onderhouden en dus ook in meerdere versies van het pakket fouten herstellen.
Al met al kan *Wijzigingenbeheer*, zekere in grotere organisaties, een complex proces worden waarbij een goede vastlegging dus van belang is.

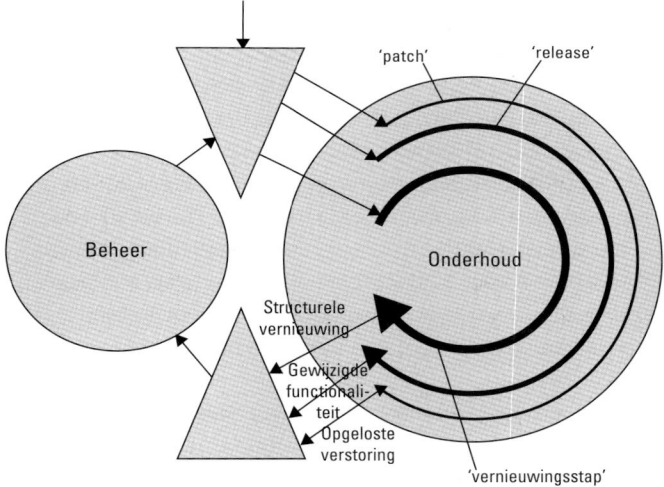

Figuur 6.1 Meerdere parallelle wijzigingsrondes

Ooit waren er veel problemen met wijzigingen. Er was geen overzicht, dezelfde programma's werden vaak, heel inefficiënt, achter elkaar gewijzigd en er werd nauwelijks releasematig gewerkt.

Toen Theo Klaassen aantrad als proceseigenaar *Wijzigingenbeheer* pakte hij het voortvarend aan. En toen hij, voordat hij een jaar later met pensioen ging, het stokje overdroeg aan Ingrid van der Zee werden alle wijzigingsverzoeken geregistreerd en in releases verzameld.

Tegenwoordig loopt alles naar ieders tevredenheid. Releasematig werken is de norm. Alle verzoeken worden geregistreerd in een tool die ook voor de klanten via internet te benaderen is. Via deze tool kunnen zij de voortgang van de wijzigingen volgen.

Voor het pakket is een vaste gebruikersgroep, de gebruikersraad, ingesteld. Voorheen werd met deze gebruikersgroep in oktober de planning voor het hele daaropvolgende kalenderjaar afgesproken. De laatste jaren komt de gebruikersgroep minstens twee keer, maar soms ook drie keer per jaar, bij elkaar en wordt er een planning afgesproken voor het daaropvolgende jaar. Zo kan er toch ver genoeg vooruit gepland worden zonder dat de planning meteen in beton zit. Dit loopt al een paar jaar goed. De releases worden tegenwoordig ook niet meer helemaal vol gepland, zodat er ruimte overblijft voor ISPM voor eventuele fixes of preventief onderhoud.

Bij het maatwerk is dat nog wat anders. Daar heeft men niet te maken met de gebruikersraad, maar meestal met een enkele klant met heel eigen wensen. Meestal lopen er verschillende maatwerkprojecten met verschillende klanten, naast elkaar. Bij deze projecten kunnen ook andere IT-leveranciers en, aan de klantzijde, ook andere informatieleveranciers betrokken zijn. Deze hele constellatie met maatwerkprojecten, standaardreleases en verschillende leveranciers en klanten maken dat het werk binnen *Wijzigingenbeheer* nogal eens lastig kan zijn.
Er komen dan ook wel eens afstemmingsproblemen voor. Vaak is er veel overleg en terugkoppeling noodzakelijk. "Even een wijziging doorvoeren" kan helemaal niet meer. Niet de bouw maar vooral alle overleg en terugkoppeling vooraf en de afstemming gedurende de bouw bepalen tegenwoordig de doorlooptijd.

Diverse malen heeft Ingrid zich hier over gebogen, vaak met hulp van collega's of externe consultants. Maar een echte oplossing is nooit gevonden.

> Het lijkt erop dat het een moeizaam traject is en blijft en
> er zit niets anders op dan door te gaan met afstemmen en
> informeren.

6.3 Programmabeheer en distributie

Programmabeheer en distributie realiseert de logistiek van applicatiemanagement: de distributie van de verschillende applicatieobjecten (onderdelen en basiselementen die een rol spelen in het proces van ontwikkeling en onderhoud van een applicatie) over de verschillende processen, de uitlevering van programmatuur en objecten en het ontvangen van externe applicatieobjecten.

Applicatieobjecten

Applicatieobjecten zijn objecten die een rol spelen bij het maken, onderhouden en aanpassen van een applicatie. De belangrijkste applicatieobjecten zijn natuurlijk de programma's waaruit een applicatie is opgebouwd, maar er zijn er meer. Voorbeelden van objecten zijn:

- Documentatie, zoals ontwerpen, datamodellen. Dit zijn documenten waarin de werking en de opbouw van het systeem beschreven staan.
- Programma's: dit zijn de onderdelen van de applicatie die door programmeurs gemaakt worden, waarin de instructies staan die de computer moet uitvoeren.
- Executables: dat is de versie van de programmatuur die gebruikt wordt door de computer.
- Scripts: instructies die gebruikt worden om het systeem tot een geheel te maken of om andere bewerkingen uit te voeren.
- Testsets: verzamelingen van gegevens waarmee het systeem getest wordt.

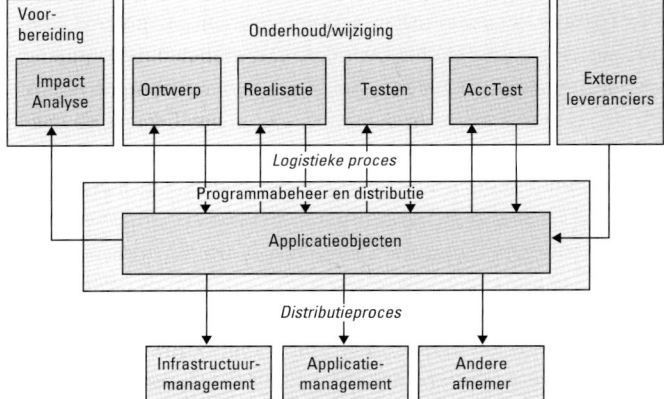

Figuur 6.2 Het logistieke en het distributieproces

Het zijn dus alle objecten waaruit de applicatie is opgebouwd en die gebruikt en aangepast worden in het onderhoud.

Logistiek en distributie
Programmabeheer en distributie zorgt voor de distributie van de applicatieobjecten naar de verschillende processen, zoals *Ontwerp* en *Realisatie*. Belangrijk hierin is dat de juiste objecten met de juiste versie op het juiste moment overgedragen worden. Vele controles en beperkingen kunnen hier een rol spelen. Objecten die al uitgegeven zijn mogen niet nogmaals uitgegeven worden. Bij wijzigingen moet de set objecten compleet zijn, om te voorkomen dat er inconsistenties ontstaan tussen bijvoorbeeld de software en de inrichting van de database. De objecten mogen alleen terechtkomen bij de juiste personen met de juiste autorisaties.

Daarnaast zorgt het proces ook voor de verspreiding (na autorisatie) van de juiste programmatuur naar de juiste exploitatieplatforms of de juiste afnemers.
Zeker bij grote applicaties met vele en kritische systemen kan dit dus een zeer omvangrijk proces zijn, met veel dwingende eisen.

Complexiteit
Bij *Wijzigingenbeheer* kwam al naar voren dat er geregeld meerdere versies en wijzigingsrondes naast elkaar lopen. Dit kan dus betekenen dat hetzelfde applicatieobject in meerdere wijzigingsrondes tegelijk wordt aangepast. Om te voorkomen dat dezelfde fouten dan weer terugkomen in latere versies, is het dus noodzakelijk dat men goed op de hoogte is en deze problematiek goed oplost. Duidelijk zal zijn dat dit proces dus erg complex kan zijn.

> *Programmabeheer en distributie* is jaren geleden onder de vorige kwaliteitsmanager Marian van den Berg goed ingericht. En omdat het niet mogelijk is om buiten het proces om te werken zijn er ook weinig problemen gekomen. Tenminste, voor het oude deel van PARIS, dat inderdaad volledig is opgenomen in de tool voor het softwaremanagement.
> De nieuwere delen zijn er nooit in opgenomen en daar kan men dus weer net zo ongestructureerd werken als jaren geleden bij het oude PARIS.
> En zo gebeurde het dan ook.
>
> Als er tijdens een release die uitgevoerd werd in India een productieprobleem was, vergat men de sources in India te synchroniseren. Zodat na invoering van de release de fout

weer gewoon terugkwam. Of een programmeur kreeg een verkeerde broncode en kon zijn werk na een paar dagen weer weggooien.
Omdat er in korte sprints gewerkt werd, was er meestal niet heel veel werk verloren. Maar alle kleine beetjes bij elkaar zorgden toch voor een aanzienlijke kostenpost. En dan was er natuurlijk de irritatie bij de klant en alle tijd die verloren ging door het voortdurend oplossen van brandjes.

Marian weer terughalen lijkt Jan van Bunschoten wat te ver gaan. En bovendien is dit ook een mooie klus voor Theo, de nieuwe kwaliteitsmanager.
Theo start bijna net zo voortvarend als Marian. Het eerste wat hij doet is onderzoeken of de gebruikte softwaremanagementtool (nog steeds dezelfde is als ooit door Marian ingevoerd) ook geschikt is voor de andere omgevingen en methoden.
Gelukkig heeft de leverancier van de tool niet stilgezeten en ervoor gezorgd dat de nieuwste versie aan kan sluiten bij nieuwere omgevingen. Theo vindt Jan aan zijn zijde voor een upgrade naar de nieuwste versie van de tool.

Daarna is het zaak om de oude inrichting ook geschikt te maken voor India en uit te breiden met werkstromen voor de andere onderdelen. In ieder geval worden de namen van de werkstromen, die men nu ook workflows noemt, aangepast. De flow 'spoedfix' voor het aanpassen en uitleveren van programmatuur dwars door de releases en projecten heen, heet nu de 'hotfix'. 'Spoedfix 3', voor een soortgelijke uitlevering voor alle ondersteunde versies, is 'hotfix overall' geworden.

Het valt nog niet mee om de overige flows goed te benoemen en in te richten. Maar als het na een halfjaar klaar is, is iedereen toch heel tevreden.

7 Sturende processen

7.1 Inleiding

De Sturende processen
Sturing van de applicatiemanagementorganisatie en haar processen is steeds belangrijker geworden. Ook de aspecten waarop gestuurd wordt, zijn de afgelopen jaren verschoven. Was een applicatiemanagementorganisatie jaren geleden vaak een interne IT-afdeling die vooral moest zorgen dat het beschikbare budget goed besteed werd, nu zijn veel applicatiemanagementorganisaties commerciële bedrijven die ook gewoon winst willen maken.
En waar in vroeger jaren maar beperkt gebruikgemaakt werd van andere leveranciers (vaak alleen voor de extra handjes) is tegenwoordig vaak zo veel gespecialiseerde kennis nodig dat het vrijwel onmogelijk is deze kennis helemaal zelf op te bouwen.

Er zijn vijf Sturende processen die ieder een eigen invalshoek sturen (zie ook figuur 7.1):
- *Contractmanagement:* het afspreken en managen van de verwachtingen van en naar de afnemers over de dienstverlening en geleverde producten.
- *Planning en control*: het sturen en bewaken van tijd, menscapaciteit en opleverdata.
- *Kwaliteitsmanagement*: het bewaken van de leveringskracht, de kwaliteit van de organisatie, applicatie en dienstverlening.
- *Financieel management:* de sturing van de productiefactor geld (kosten, baten).
- *Leveranciersmanagement:* het management van de diensten en producten die worden ingekocht.

Deze processen worden verderop in dit hoofdstuk stuk voor stuk besproken.

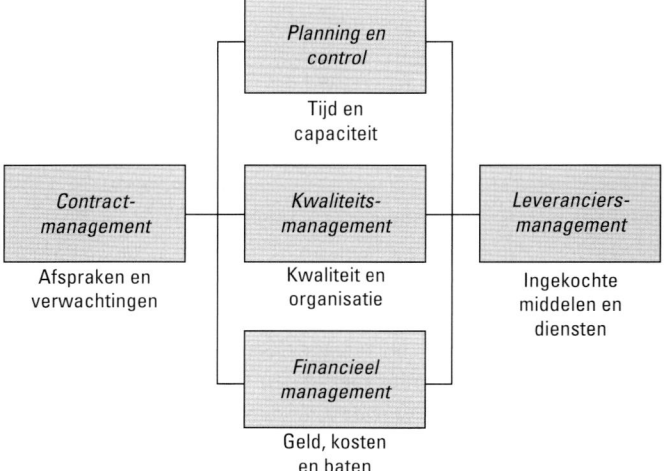

Figuur 7.1 De Sturende processen

Integrale sturing
De Sturende processen bevinden zich tussen de uitvoerende en richtinggevende procesclusters. Dit betekent dat de Sturende processen ervoor moeten zorgen dat er afstemming is en aansluiting plaatsvindt tussen deze verschillende niveaus. Dit mag niet vertaald worden in de zin dat op het richtinggevende of sturende niveau dingen zijn bedacht, die naar beneden vertaald en in gang gezet moeten worden. Deze processen doen meer, ze moeten leiden tot afstemming in beide richtingen:
- Ze zorgen dat structurele tekortkomingen in de uitvoering worden opgelost op het sturende niveau of, als hiervoor een strategische verandering nodig is, op het richtinggevend

niveau. De processen op een hoger niveau zijn er allereerst voor dat knelpunten en belemmeringen op onderliggende niveaus worden opgelost.
- Ze zorgen dat richtinggevende veranderingen in voldoende mate ook het niveau van uitvoering en realisatie gaan bereiken. Niet altijd zullen alle richtinggevende plannen volledig uitgevoerd worden, dat is ook niet nodig. Het woord richtinggevend wordt niet voor niks gebruikt. Maar het mag ook niet zo zijn dat deze volledig overspoeld raken door tactische behoeften (tenzij zo afgesproken).
- Vanuit de Sturende processen worden de kaders en faciliteiten verstrekt (bijvoorbeeld financiën), waarbinnen de uitvoerende processen worden uitgevoerd. Ook de plaats (bijvoorbeeld in de lijn of als project buiten de lijn) valt hieronder.
- De Sturende processen zorgen er ook voor dat tactische ontwikkelingen in voldoende mate worden meegenomen naar de uitvoering, maar ook dat die niet volledig dominant worden.

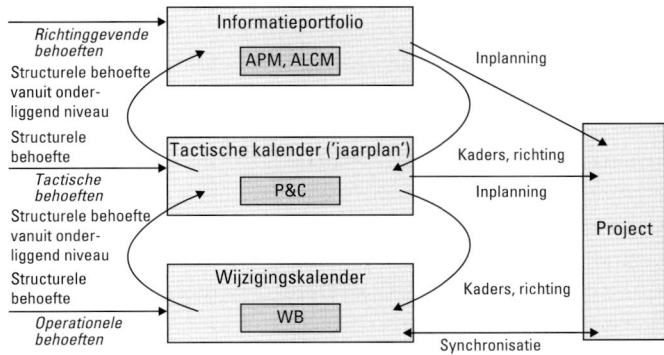

Figuur 7.2 Portfolio's en samenhang

De Sturende processen zorgen dus voor het onderkennen en communiceren van structurele behoeften en tekortkomingen naar bovenliggende lagen en ook voor het geven van kaders of richting naar onderliggende lagen.
Ook moeten de Sturende processen zorgen voor voldoende kennis en feiten om de besluitvorming verantwoord te kunnen laten verlopen.

De Sturende processen zorgen dus voor tweerichtingsverkeer en zorgen er zo voor dat de lagen als één geheel, als één applicatiemanagementorganisatie gaan acteren.

7.2 Contractmanagement

Contractmanagement is het proces dat de 'afspraken' met de klant of afnemer bestuurt. Met deze afspraken bedoelen we meer dan alleen de formele rationele afspraken.

Afspraken
Afspraken zijn er in vele vormen. Niet alleen zijn er afspraken mogelijk over de applicatie (dat wat men koopt/verkoopt), maar ook over de dienstverlening, waarmee dat gebeurt. Afspraken over de inhoud (het wat) zijn zelden voldoende, men heeft ook altijd te maken met inpassing en prestaties/eisen. Dit leidt tot afspraken van diverse aard (zie figuur 7.3).

De eerste set van eisen heeft betrekking op de inpassing in de omgeving. Niet alleen gaat het daarbij om de applicatie maar ook om de dienstverlening. Dit leidt dus tot twee soorten afspraken over de omgeving:
- Interfaces van de applicatie in haar omgeving: dit betreft afspraken over hoe een applicatie communiceert in haar

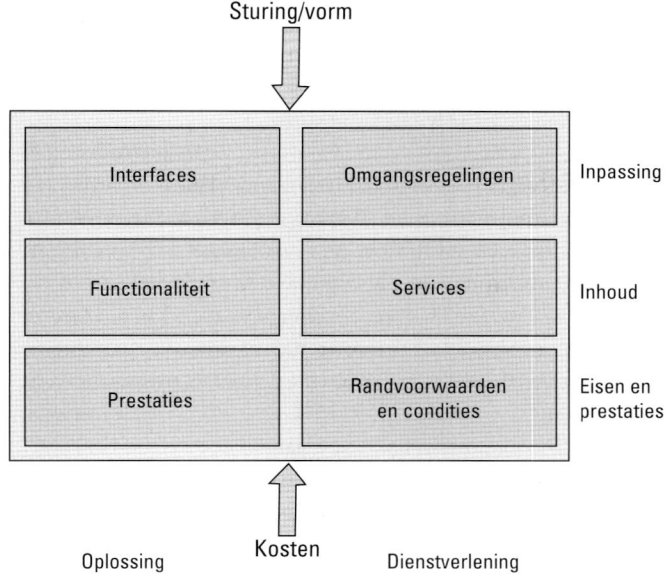

Figuur 7.3 De afspraken

omgeving (en naar andere applicaties) en welke eisen er zijn voor deze communicatie.
- Omgangsregelingen: de wijze waarop de klant omgaat met de applicatiemanagementorganisatie en hoe deze op haar beurt omgaat met andere leveranciers in de leveranciersconstellatie.

De kern van de eisen zal betrekking hebben op de inhoud.
Ook hier zien we weer twee soorten afspraken, zowel over de applicatie als over de omgeving:
- De functionaliteit van de applicatie (oplossing), de werkzaamheden die de applicatie moet uitvoeren en de gegevens die het moet opslaan.

- De diensten die de leverancier levert. De werkzaamheden die wel uitgevoerd worden (bijvoorbeeld onderhoud en vernieuwing) en niet uitgevoerd worden (bijvoorbeeld het beheer en/of infrastructuuraansturing).

Ook zal men eisen willen stellen aan en dus afspraken willen maken over het gedrag en de werking van de oplossing. Ook hier zien we twee soorten afspraken, voor zowel de applicatie (oplossing) als voor de dienstverlening:
- Prestaties: dit zijn de eisen die gesteld worden aan de werking en het gedrag van de applicatie, zoals de snelheid van verwerkingen, hoeveelheid toegestane verstoringen en dergelijke.
- Randvoorwaarden en condities: dit zijn de eisen en grenzen die gesteld worden aan de dienstverlening. Voorbeelden zijn: de nieuwe release mag maximaal vijf fouten bevatten, na de acceptatietest is applicatiemanagement niet meer verantwoordelijk voor fouten.

Beleving of afspraken?
Belangrijker nog dan deze formele afspraken zijn de verwachtingen. Vaak is veel energie gestopt in het proces om te komen tot contracten en geregeld zijn deze afspraken ook minutieus uitgewerkt in omvangrijke documenten. Zelden is het managen van deze afspraken vanuit de afnemer voldoende of zinvol:
- Behoeften veranderen in de tijd en dat kan vrij snel zijn. Vaak weet een klant ook niet altijd wat hij bestelt of vraagt.
- Afspraken zijn mensafhankelijk. Welke manager bij de klant zit en welke ervaringen en voorkeuren die heeft, heeft impact.
- Beleving is vaak een sterkere driver dan de detailafspraken.

Ervaring leert dat in veel situaties de belevingsfactor en een goede relatie en verstandhouding belangrijker zijn dan de gemaakte formele afspraken. Het kennen van de stakeholders bij de klant, hun verwachtingen, de eisen die zij persoonlijk belangrijk vinden en het vervullen van deze verwachtingen zijn voor de klanttevredenheid meestal effectiever dan de realisatie van de formele (contractuele) afspraken.

Tijdens de eerste ASL-implementatie ten tijde van Jan en Marian was men gestart met het afsluiten van servicelevel-overeenkomsten, verdeeld naar de verschillende soorten klanten die het toenmalige VGK toen had: InHuis- en UitHuis-klanten.
Dolf Boermans was servicemanager en zorgde voor de maandelijkse servicelevelrapportages aan de klanten. En eenmaal per maand ging hij, samen met de productmanager, naar de InHuis-klanten toe om de afgelopen periode te evalueren en te horen welke plannen men op de korte en langere termijn had.
Voor de UitHuis-klanten, dus de klanten die alleen het pakket kochten en dat zelf draaiden, werd er eenmaal per halfjaar een gebruikersoverleg georganiseerd.

In het begin was het opstellen van de rapportage nog redelijk overzichtelijk. Alleen het toenmalige datacenter en de eigen applicatiemanagementorganisatie leverden maandelijks de gegevens, die Dolf via zijn eigen gebouwde Excel-programma inlas en omtoverde tot mooie grafieken en een leesbaar rapport. Maar toen een deel van het werk werd uitbesteed aan India en er ook steeds vaker gebruikgemaakt werd van andere leveranciers, werd het een stuk lastiger. Bovendien kreeg Dolf er meer dan een dagtaak aan om afspraken met de

leveranciers en India te maken om te zorgen dat de service levels gewoon gehaald werden. Het opstellen van de rapportage kon hij nog uitbesteden aan een van de medewerkers van het beheerteam. Maar het overleg met de InHuis-klanten liet hij steeds vaker over aan de productmanager. Daardoor was hij ook steeds minder op de hoogte van hetgeen bij de klanten speelde. Hij was heel verbaasd na een halfjaar te horen dat de twee grootste klanten, ondanks behaalde service levels, eigenlijk helemaal niet meer zo tevreden waren.
Er waren inderdaad een paar probleempjes geweest, maar Dolf dacht dat die wel goed opgelost waren, in ieder geval binnen de termijnen van de service levels.

Om eens te onderzoeken wat er precies aan de hand was besloot hij het volgende overleg weer gewoon mee te gaan. De klant reageerde verbaasd: 'Leef je nog?' Dolf besloot het gesprek open in te gaan. Het bleek dat de onvrede van deze klant vooral zat in het feit dat hij Dolf nooit meer zag. Daardoor kreeg hij de indruk dat de aandacht vanuit ISPM minder was geworden. Wat hij ook lastig vond was dat hij nu niet meer de kans had om de status van de dienstverlening te bespreken en afspraken te maken tijdens het maandelijkse overleg. De klant vertelde dat hij de rapportage eigenlijk nauwelijks doorlas. 'Ik ga er gewoon vanuit dat het goed gaat en dat ik een telefoontje krijg als er iets aan de hand is. Ik heb geen zin om dat eind van de maand in een rapportje te moeten lezen.' En hij voegde er nog aan toe dat het wat hem betreft ook allemaal veel te veel en veel te gedetailleerd was.

Dolf besefte dat hij te veel tijd had besteed aan de leveranciers en dat hij de klant, waar toch eigenlijk zijn hart lag, een beetje in de steek had gelaten. Bovendien was de aansturing

van de leveranciers iets heel anders dan het contact met
de klant. Door al die extra aansturing was de hoeveelheid
administratie enorm toegenomen en was hij het contact met
de klant kwijtgeraakt.

Het kostte wel enige moeite om de directie te overtuigen
een tweede man naast Dolf te zetten die zich meer bezig
zou kunnen houden met de afspraken en aansturing van de
leveranciers en India. Maar gelukkig vond hij de productmanager aan zijn zijde. Een tevreden klant was voor de
directie toch ook van belang. Dus kreeg een van de consultants de opdracht het leveranciersmanagement in te richten en
voorlopig uit te voeren. Of ze er nog een vacature van zouden
maken, zouden ze op de langere termijn wel zien.

Voor Dolf is het een hele verademing. Voor goede afspraken
over service levels heeft Dolf nu alleen nog maar met één
persoon in plaats van de vele leveranciers en India te maken.
Hij heeft nu weer alle tijd voor zijn klanten.

Op basis van hetgeen hij bij het eerste bezoek heeft gehoord,
besluit hij om ook eens uitgebreider te evalueren met de
andere klanten. Hen te vragen wat zij van de rapportage
vinden, waar ze echt wakker van liggen en wat ze van hem
verwachten.
Hij heeft nog niet eens de helft van de klanten bezocht, maar
nu is al duidelijk dat de rapportage inderdaad veel te lang en
veel te gedetailleerd is geworden.
Een mooie uitdaging om daar eens wat aan te gaan doen.

7.3 Planning en control

Het proces *Planning en control* zorgt ervoor dat de afgesproken dienstverlening met de afgesproken menscapaciteit en conform opleverdatum geleverd wordt door de juiste inzet van menscapaciteit op de juiste tijdstippen. Ofwel kortweg, het plannen en bewaken van de voortgang, de menscapaciteit en de doorlooptijd. De uitdaging bij veel applicatiemanagementorganisaties is helaas nog steeds het creëren van voorspelbaarheid in de uiteindelijk gebruikte capaciteit en uiteindelijke oplevering.

Deze uitdaging is in de afgelopen decennia niet kleiner geworden. Meer en meer werkt men in uitgebreide leveranciersconstellaties samen met verschillende partijen. Ook stellen afnemers steeds hogere eisen aan de snelheid en de flexibiliteit. De complexiteit is dus zeker niet minder geworden.

Een tweede uitdaging in deze tijd van verzakelijking is om op de afgesproken tijd (en soms zo snel mogelijk) te leveren.

Begrensde capaciteit

Voor het overgrote deel van de applicaties geldt dat de capaciteit voor het applicatiemanagement gelimiteerd is en dat heeft twee oorzaken:

- Applicatiemanagement is vooral mensenwerk en mensen zijn duur. De investeringen voor applicatiemanagement zijn hoog, maar altijd begrensd. Daarmee is de mogelijke capaciteit dus ook begrensd.
- Om effectief applicatiemanagement te kunnen uitvoeren, is het noodzakelijk om diepgaande kennis te hebben van de applicatie. Het opbouwen van deze expertise kost veel tijd en de inwerktijd kan bij sommige applicaties wel een paar jaar duren. Het bijschakelen van extra capaciteit is meestal weinig kosteneffectief.

Daardoor is het wenselijk om de ingezette capaciteit over de tijd zo veel mogelijk stabiel te houden en capaciteitsschommelingen niet te groot te laten worden teneinde de efficiency van het applicatiemanagement acceptabel te houden.

Communicerende vaten
Een complicerende factor bij applicatiemanagement is dat de beheer- en onderhoudsexpertise in de lijn ligt van nieuwbouwexpertise. Als organisaties nieuwe applicaties gaan bouwen, hebben ze meestal ook de oorspronkelijke expertise van het oude applicatiemanagement voor dit project nodig, vanwege een aantal redenen:
- Zelden is er sprake van compleet nieuwe functionaliteit. De bestaande functionaliteit wordt gebruikt in de organisatie en in een nieuwe situatie zal het overgrote deel daarvan terugkomen. De enige die uiteindelijk echt weet hoe het nu zit is applicatiemanagement. De sourcecode beschrijft als enige echt hoe het in praktijk gebeurt. En applicatiemanagement onderhoudt deze.
- Applicaties werken altijd in een context van bestaande systemen en platformen. Nieuwe applicaties moeten ook in deze context gehangen worden.

Het is dus niet raadzaam om projecten buiten het bestaande applicatiemanagement te houden. Projecten en regulier onderhoud zijn hierdoor als het ware communicerende vaten: als er extra capaciteit nodig is voor een project is er minder capaciteit over voor regulier onderhoud.

Voor de uitvoering van de reguliere, tactische en strategische wijzigingen heeft men te maken met (minimaal) deels dezelfde capaciteit. Een goede afweging tussen deze behoeften en een goede planning van de beschikbare capaciteit is dus essentieel.

Maatregelen en activiteiten

Er zijn diverse tips en maatregelen om het proces *Planning en control* in te vullen:

- Zorg voor goede begrotingen, bouw kengetallen op en zorg voor een goede voortgangsbewaking.
- Zorg voor ruimte in begrotingen voor ongepland werk. Bijna altijd hebben organisaties te maken met ongeplande ontwikkelingen of behoeften, die alsnog doorgevoerd moeten worden.
- Zorg voor een samenspel en balans tussen tactisch, operationeel en strategisch.

Net als de vorige keer neemt Jan zelf *Planning en control*, nog altijd zijn hobby, voor zijn rekening. En eigenlijk is hij best tevreden als hij ziet hoe men is omgegaan met zijn erfenis.

Er wordt, in ieder geval voor de oudere delen van PARIS, behoorlijk goed begroot en gepland. Meestal worden de planningen gehaald, hoewel men ook met enige regelmaat ruim 15% onder de begroting blijft. Dat laatste, merkt Jan, komt door het wat defensief begroten van medewerkers die in de afgelopen jaren bij overschrijdingen behoorlijk op hun kop hadden gekregen. Daar gaat hij in ieder geval wat aan doen, want Jan is een groot voorstander van reële begrotingen. 'Want', vertelt hij de medewerkers tijdens een overleg, 'als iedereen zo gaat begroten, wordt alles bij elkaar wel erg duur en dat verkoopt niet.'

Bij de nieuwere delen van PARIS verloopt het plannen en begroten wat minder soepel. Dat is voor een groot deel te wijten aan het gebrek aan routine en ervaring. Men is wel druk bezig om een database te vullen met kengetallen, zoals in de oude procedures ook is voorgeschreven. Iedere begroting wordt vastgelegd en later zet men de realisatie ernaast met een verklaring voor de afwijkingen.
Hoewel het nog niet optimaal is en planningen nog vaak overschreden worden, is er wel een duidelijk opgaande lijn te zien in de accuraatheid van de begrotingen.

Een andere uitdaging is dat, hoewel het team behoorlijk is uitgebreid, niet iedereen overal op ingezet kan worden. De oude mainframedelen van PARIS worden nog altijd door de oudere medewerkers onderhouden. En sommige van deze medewerkers komen al gevaarlijk dicht in de buurt van de pensioenleeftijd. De jongere medewerkers hebben vrijwel geen kennis van deze delen en het ontwikkelplatform. En de oudere medewerkers hebben weer weinig of geen kennis van de nieuwe ontwikkelplatformen. Door alle bezuinigingen van de afgelopen jaren is er ook weinig geïnvesteerd in opleiding en kennisoverdracht.
Daardoor gebeurt het wel eens dat het ene team tot over de oren in het werk zit, terwijl bij het andere team mensen in de leegloop zitten. Dat maakt het plannen er niet makkelijker op. Jan maakt een aantekening voor zichzelf. Dit is een punt dat mooi op de agenda van de OCM-workshop kan.

Maar het valt hem mee hoe er gepland wordt. Met het team in India en de onderaannemers erbij is het zeker niet makkelijker geworden. Vooral het plannen van wat grotere projecten

> levert veel hoofdbrekens op om alle partijen op elkaar afgestemd te krijgen en te zorgen dat leegloop, doordat men op elkaar moet wachten, zo veel mogelijk vermeden wordt.
> Als de planningen dan toch binnen de marges blijven is dat geen slecht resultaat.

7.4 Kwaliteitsmanagement

Het proces *Kwaliteitsmanagement* bestuurt, dat zal niet verrassend zijn, de realisatie van het begrip kwaliteit. Kwaliteit binnen ASL heeft betrekking op een viertal onderwerpen, aangevuld met een vijfde dat daartussen centraal staat (figuur 7.4).

Het eerste onderwerp is de kwaliteit van het product. De kwaliteit van het product heeft betrekking op de kwaliteit van de applicatie die geleverd wordt en de 'materialen' die daarbij gebruikt worden, zoals de documentatie en de testsets.
Het tweede onderwerp is de kwaliteit van het (voortbrengings)proces. Deze kwaliteit richt zich op de wijze waarop de processen zijn ingericht en uitgevoerd, de rollen, de verantwoordelijkheden en de procedures.
De kwaliteit van de organisatie heeft betrekking op de structuur, de sturing, de invulling van de organisatie en de mensen en hun vaardigheden.
Het vierde onderdeel is de kwaliteit van het kwaliteitssysteem. Het kwaliteitssysteem is de infrastructuur (in brede zin) waarmee applicatiemanagement wordt uitgevoerd. Dit heeft dus betrekking op de hulpmiddelen (tooling), de volledigheid en aansluiting ertussen, de kwaliteit van handboeken en procesbeschrijvingen et cetera.

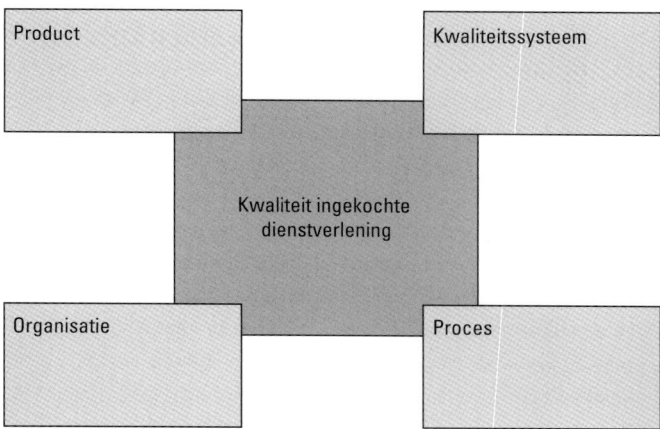

Figuur 7.4 Kwaliteitsmanagementtaken

Onderwerp van *Kwaliteitsmanagement* is ook de integratie van dienstverlening tussen leveranciers (of onderaannemers) en de eigen dienstverlening. Toetsvraag hierbij is of dit voldoende de eisen van de afnemers afdekt.

Kwaliteit is concreet

Kwaliteit is geen abstract onderwerp of een beleidsonderwerp, het is iets concreets uit de praktijk. Kwaliteit, of beter gezegd een gebrek aan kwaliteit, uit zich op talloze manieren op de werkvloer. Slechte overdraagbaarheid, planningen die veelvuldig verschuiven en niet gehaald worden, delen van een applicatie die zeer foutgevoelig zijn, moeilijk leesbare of onbegrijpelijke ontwerpen, moeizame communicatie met de klant. Al deze signalen zijn een vorm van onvoldoende kwaliteit.

Veel andere proces-frameworks kennen een proces als probleembeheer, een proces waarbij op basis van incidenten (verstoringen) achterliggende problemen worden onderkend. ASL kent geen afzonderlijk probleembeheerproces, want problemen zijn een van de belangrijkste middelen waarmee *Kwaliteitsmanagement* (en dus geen ander proces) zicht krijgt op de kwaliteit. Bovendien kunnen problemen ook zonder incidenten goed aan het licht komen.

Evaluaties van de andere applicatiemanagementprocessen, onderkende knelpunten of problemen, al deze onderwerpen zijn concreet en vallen onder het aandachtsgebied van *Kwaliteitsmanagement*. Daardoor is het proces geen abstract proces, maar een heel concreet proces met concrete onderwerpen.

> Hoewel er veel veranderd is, zijn er ook veel dingen hetzelfde gebleven. Ook Theo de Graaf is nog altijd in dienst bij ISPM en zelfs nooit weggegaan bij PARIS. Hij is zelfs alle jaren proceseigenaar gebleven van *Realisatie*. Maar in een gesprekje dat Jan met hem heeft, merkt hij dat het heilig vuur van Theo de laatste jaren een beetje verdwenen is. Verwonderlijk is dat niet. De laatste jaren sneuvelden de voorstellen van Theo in de directie steeds op het onderwerp geld.
> Jan weet dat Theo kwaliteit hoog in het vaandel heeft staan en besluit hem te vragen voor de rol van kwaliteitsmanager.
>
> Een van de eerste zaken die Theo oppakt is het voortbrengingsproces. Het zondermeer doorvoeren van een Agile-methode, zonder nadenken en zonder hulp heeft meer kwaad dan goed gebracht. Na enig onderzoek en wat voorlichting beseft Theo dat zijn wantrouwen niet de methode betreft, maar meer op de wijze van invoeren en de reden van invoeren. Het was eigenlijk alleen als een verkapte bezuinigingsmaatregel ingevoerd. En dat is jammer, want Theo ziet nu dat er zeker

grote voordelen aan de methode zijn. Beter samenwerken met de klanten en sneller reageren op wensen heeft alleen maar voordelen.

Hij nodigt een externe consultant uit, een expert op het gebied van Agile en Scrum. In een workshop van een paar dagen worden de proceseigenaren van de onderhoudsprocessen helemaal bijgespijkerd. Vervolgens gaan ze, samen met Theo en de consultant, kijken welke delen van PARIS in aanmerking komen voor een meer Agile-aanpak. Voor de berekeningsprogramma's en de onderdelen die de distributie regelen is dat niet zo interessant. De wensen van de klanten zijn daar wel duidelijk en de programma's hoeven ook niet zo vaak aangepast te worden.
Om een goede performance te kunnen garanderen, is een goede opzet van de programmatuur erg belangrijk. Voor die delen blijft dus gewoon de watervalmethode gelden.
De proceseigenaren gaan samen met Theo voor die methode wel weer opnieuw de afspraken bekrachtigen, templates aanpassen en nieuwe afspraken maken over samenwerking en output.

Voor de nieuwere onderdelen van PARIS en de websites lijkt de Agile-methode wel heel geschikt. Zeker voor de websites hebben de klanten veel wensen, terwijl ze meestal nog niet weten hoe het eruit moet gaan zien. Eigenlijk willen ze een beetje experimenteren met de sites en dat is lastig als je iedere wijziging maanden van tevoren moet indienen.

Om de Agile-methode nu echt goed in te voeren laat Theo de consultant een programma opzetten. De consultant verzorgt trainingen voor alle medewerkers. Maar eerst geeft hij samen

> met Theo een presentatie voor de directie om ervoor te zorgen dat ze echt enthousiast worden voor Agile en bereid zijn er ook in te investeren.
>
> Gelukkig ziet de nieuwe directie wel de noodzaak van investeringen in, en zo wordt het plan van Theo, met een paar kleine wijzigingen, goedgekeurd.

7.5 Financieel management

Financieel management zorgt ervoor dat de kosten om een applicatie of de gewenste dienstverlening daaromtrent te leveren, gepland worden en in evenwicht zijn met de baten voor het applicatiemanagement.

Kosten en baten
In de vorige versie van ASL heette dit proces 'kostenmanagement'. Dit benadrukte de stelling dat de business case van een investering in IT geen verantwoordelijkheid was van een IT-organisatie, maar van de afnemer, de business (business informatiemanagement). De IT-organisatie is niet geschikt om een business case te maken, omdat het bepalen van de haalbaarheid en de baten gedetailleerde business- en gebruikerskennis vereisen (een expertise dus van businessinformatiemanagement). Het managen van de kosten samenhangend met de uitvoering van applicatiemanagement is wel een verantwoordelijkheid van applicatiemanagement.

Dit uitgangspunt is niet veranderd. Toch heet het proces tegenwoordig *Financieel management*. Daar zijn twee redenen door:
- De kosten van applicatiemanagement worden tegenwoordig vrijwel nooit meer één op één doorberekend naar de klant (IT

als kostenpost). Vaak is er sprake van meerdere klanten voor dezelfde dienstverlening of van doorbelastingsmechanismen die afwijken.
Daardoor heeft de applicatiemanagementorganisatie ook een doorbelastingstructuur gekregen, een eigen verantwoordelijkheid en dus een (eigen) business case.
- Belangrijk is ook dat de applicatiemanagementorganisatie een beeld heeft of er vraag bestaat naar haar dienstverlening of oplossingen en of deze marktconform geleverd kunnen worden. Daarom zal men toch ook een beeld van de business case van de klant moeten hebben.

Financiële structuur en business case van applicatiemanagement
Centraal binnen *Financieel management* is het managen van de financiële structuur en de business case van applicatiemanagement op alle aspecten, zoals:
- Het bedenken van de doorbelastingsstructuur en het managen van de doorbelasting.
- Het bedenken en bijsturen van kostentoerekeningsstructuren en zorgdragen dat deze kosten terecht zijn.
- Het voorspellen van kosten en baten en het bewaken van het gedrag van de kosten en baten (inkomende gelden).
- Het optimaliseren van dit alles en zorgdragen dat er ook voor externe kosten een juiste kostenstructuur is.

Financieel management heeft veel aandacht gekregen de laatste jaren. De vorige directie had opdracht gegeven om een rapportage op te stellen waarin duidelijk het rendement per product en dienst te zien moest zijn. Daarvoor waren uitgebreide spreadsheets gemaakt waarin precies de kosten en de baten van de verschillende producten en diensten bijgehouden konden worden. Dat gaf de vorige directie de mogelijkheid om meer te sturen op de cijfers en zo kosten voor, wat hen betreft onnodige zaken, te verlagen en daarmee, dat was in ieder geval de bedoeling, het rendement te verhogen.

Helaas waren de spreadsheets zo uitgebreid en ingewikkeld geworden dat er eigenlijk maar weinig inzicht in de precieze kosten en opbrengsten was. De laatste tijd werd er door sommige medewerkers zelfs getwijfeld aan de correctheid van de berekeningen.

De contracten hebben wel ongeveer hun zelfde vorm gehouden: de InHuis- en UitHuis- contracten bestaan nog steeds. Daarnaast zijn er nog extra mogelijkheden gekomen. Zoals het Plus-contract waarbij ISPM ook een deel van het business informatiemanagement voor een klant uitvoert. En voor alle contracten geldt bovendien dat niet altijd de gehele PARIS-suite wordt afgenomen.
Alles bij elkaar vrij veel contractvormen, wat de financiële stromen niet erg inzichtelijk maakt.

Jan start met het maken van een overzicht van alle lopende projecten en releases en de beheerwerkzaamheden. Op basis van de bestede en begrote uren krijgt hij in ieder geval een overzicht van de gemaakte en te verwachten personeelskosten. Op basis van de uren maakt hij bovendien een verdeling van de kosten voor tooling, machines en dergelijke naar de verschillende projecten, releases en het beheer.

Duidelijk wordt dat vooral de projecten waarbij meerdere partijen betrokken zijn minder winstgevend zijn door de hoeveelheid overhead. Ook projecten waarbij een deel van het werk in India gedaan wordt zijn soms minder winstgevend.

Voor dat laatste blijkt er wel een soort wetmatigheid: eenvoudige wijzigingen en incidenten oplossen in India blijkt erg winstgevend, vooral nu de ploeg daar toch redelijk is ingewerkt.

Als het om de meer complexe projecten gaat, blijkt dat de extra kosten die er zijn door veelvuldig overleg met de klant en of het wijzigen van de koers gedurende het project niet opwegen tegen de voordelen van ontwikkeling in India.

Ook wordt duidelijk dat de kosten voor beheer eigenlijk veel te weinig worden doorberekend. Vanwege de vele projecten en releases zijn er nu nog wel voldoende inkomsten. Maar of het wel voldoende is als de grote wijzigingsopdrachten uitblijven betwijfelt Jan.

Duidelijk is wel dat gewoon de tarieven verhogen geen goede optie is. Het lijkt Jan een mooie uitdaging voor de financieel directeur.

7.6 Leveranciersmanagement

Het proces *Leveranciersmanagement* is de tegenhanger van het proces *Contractmanagement* binnen ASL. Het proces zorgt dat er afspraken gemaakt worden met de samenwerkende leveranciers of onderaannemers over de door hen geleverde diensten of oplossingen.

De onderwerpen zijn hierbij dus dezelfde als die van *Contractmanagement*. Maar daar waar *Contractmanagement* naar de afnemer kijkt, kijkt *Leveranciersmanagement* naar de leveranciers van het applicatiemanagement.

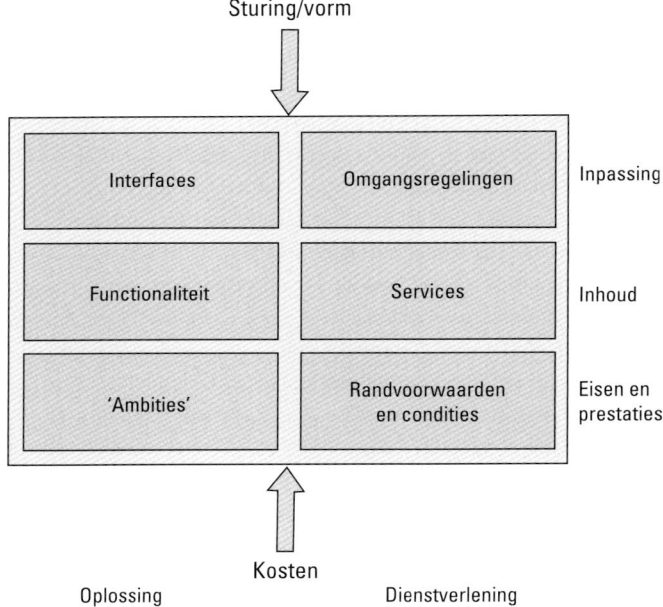

Figuur 7.5 De afspraken

Een toelichting van de onderwerpen is niet nodig, deze zijn dezelfde als bij *Contractmanagement*. Het kennen van de behoeften en de vraag, dat is de uitdaging. Belangrijk hierbij is dus om te weten wat precies de vraag is en wat de verwachtingen, de verplichtingen en de kwaliteiten van de leverancier zijn.

De grote valkuil, zeker bij IT-organisaties met sterk technisch gedreven mensen vol kwaliteitsbesef, is dat men zich te veel bemoeit met de inhoudelijke vormgeving van het proces (van de leverancier) of de bouw van de oplossing. Dit kan, maar meestal zal dit niet de bedoeling zijn. Het is de kunst om de kwaliteiten van de leverancier optimaal te benutten en niet onder te laten sneeuwen in de eigen (al dan niet vermeende of terechte) superioriteit. De doelstellingen die beoogd werden in de selectie, moeten dus in het contract terugkomen. De toverspreuk luidt: behandel je leverancier zoals je zelf als leverancier behandeld wil worden.

Frans Jonker is een paar jaar geleden bij ISPM in dienst getreden en gestart als consultant bij PARIS. Bij de laatste projecten heeft hij zich vooral beziggehouden met de aansturing van de onderaannemers. Dat betekent vooral veel overleg met de verschillende partijen over wie wat en in welke vorm en waar en wanneer gaat opleveren. Hij heeft daardoor inmiddels verschillende leveranciers goed leren kennen. Genoeg redenen voor Jan om Frans te vragen het leveranciersmanagement in te richten en over te nemen van Dolf.

Frans had al de nodige documentatie van Dolf gekregen. Nu krijgt hij werkelijk alles: de offerteaanvragen, aanbiedingen, mails die heen en weer zijn gegaan tijdens offertetrajecten, gewoon een volledige dump van de bibliotheek van Dolf. Het lijkt Frans interessant om dit alles allemaal eens een keer door te lezen op een paar rustige vrijdagmiddagen, maar nu heeft hij zijn handen vol aan andere dingen.

Hij is begonnen met het maken van een overzicht van de leveranciers waar ISPM op dit moment zaken mee doet. Bij iedere leverancier legt hij vast wat hun producten en diensten zijn, waar ISPM vooral gebruik van maakt, bij welke projecten ze nu betrokken zijn en welke rol ze eventueel in het beheer hebben.

Verder verzamelt hij voor alle leveranciers de namen en contactgegevens van de contactpersonen, de contracten, SLA's, andere afspraken en eventuele procedures.

Met veel leveranciers blijkt er geen SLA afgesproken te zijn. Eigenlijk is er alleen een redelijk werkende SLA met India. Daarbij is de rapportage van de leveranciers erg wisselend, uiteenlopend van heel uitgebreid en gedetailleerd tot helemaal niks.

Als hij alles op een rij heeft, gaat Frans eerst uitzoeken wat de ervaringen in de rest van het bedrijf zijn en welke leveranciers echt nodig zijn. Er blijken een paar contracten te zijn voor componenten die helemaal niet meer gebruikt worden. Uiteindelijk blijft er, naast de afdeling in India, een overzichtelijke shortlist met leveranciers over. Daar gaat nu de aandacht naartoe. Frans stelt samen met de leveranciers nieuwe service levels op. Niet te uitgebreide, want dat geeft alleen maar meer papier. En verder maakt hij afspraken voor een regulier overleg.
Een van de vaste agendapunten wordt het verkennen van de mogelijkheden van de leveranciers. Volgens Frans kunnen zij vast meer bieden dan nu.

Voor India gaat hij nog uitzoeken hoe de opdrachtverstrekking verbeterd kan worden, want daarbij gaat ook wel eens wat mis.

8 Applications Cycle Management

8.1 Inleiding

De procescluster Applications Cycle Management (ACM) richt zich op de toekomst en de lifecycle van de objecten (applicaties) in de informatievoorziening. Je zou kunnen zeggen dat dit cluster begrippen als applicatiebeleid, applicatieportfoliomanagement en architectuur invult. ACM vult dus de inhoudelijke richtinggevende component van het applicatiemanagement in en is in deze tijd van weinig geld en hoge snelheid een steeds belangrijker cluster aan het worden.

ACM groeit

In het verleden werd weinig aandacht gegeven aan applicatievernieuwing en applicatiebeleid. Men ging ervan uit dat de bestaande systemen toch geen plek hadden in de toekomst. De aandacht was vooral gericht op nieuwbouw. Als we echter naar de huidige applicatielandschappen kijken, dan blijkt dat veel applicaties een aanzienlijke leeftijd hebben. Een (bedrijfskritisch) systeem van twintig jaar of ouder is geen uitzondering. En de ervaring heeft geleerd dat het merendeel van de plannen om totaal iets nieuws te maken, zeker als het om grotere of complexere systemen gaat, geheel of gedeeltelijk mislukt. Het is dus belangrijk om andere scenario's te bedenken.

De wereld wordt niet meer ontworpen

De meeste bedrijfsprocessen worden al, in meer of mindere mate, ondersteund door applicaties. Organisaties zijn direct afhankelijk geworden van deze applicaties. In sommige gevallen voeren de applicaties zelfs vrijwel volledig het bedrijfsproces uit.

Organisaties zijn gewend geraakt aan de eigenaardigheden in deze applicaties. Ze hebben geleerd om te gaan met die eigenaardigheden. De investeringen die gedaan zijn in deze applicaties zijn enorm en datzelfde geldt voor de mensen die ermee werken. Organisaties zijn vaak niet in staat om deze structuren snel en ingrijpend te veranderen.
Organisaties zullen de bestaande situatie als uitgangspunt moeten nemen.

De wereld is niet meer beheersbaar
'Niemand' voorzag de economische crisis. Niemand kan voorspellen hoe de organisatie er over een aantal jaren uitziet, hoe het logo er dan uitziet, wat de naam zal zijn en hoe men – de markt, de klanten – naar de organisatie kijkt.

Opnieuw ontwerpen is veelal niet gewenst
Het ontwerpen van totaal nieuwe systemen of architecturen is daardoor vaak een zinloze exercitie:
- Organisaties hebben noch de tijd noch het geld om alles te vernieuwen.
- Iedere (technische) architectuur gaat uit van principes en visies die over vijf jaar weer achterhaald zijn.
- Organisaties hebben gebruikers die gewend zijn aan een bepaalde werkwijze. De veranderingscapaciteit van een organisatie is uiteindelijk erg begrensd.
- Organisaties kunnen niet voorspellen hoe de wereld er over vijf jaar uit zal zien (fusies en overnames, wel opknippen – niet opknippen, wel of geen crisis).
- Ook de bedrijfsarchitectuur en de procesarchitectuur zijn over vijf jaar weer achterhaald.

- 90% Van de bestaande functionaliteiten werkt (en vaak acceptabel goed) en 90% van de bestaande functionaliteit hebben we over vijf jaar ook nodig.

De realiteit is dat wij in een legacy-wereld leven. Dat is niet erg: onze maatschappij is ook legacy, onze werkwijzen zijn legacy, ons politiek systeem is legacy, wij als mens zijn ook legacy.
Legacy betekent dat je niet verandert om het veranderen, maar alleen dat verandert wat wel veranderd moet worden, zodat je juist snel kunt veranderen.

Innovatie en beheer
Onze kracht moet zijn dat wij in staat moeten zijn om snel te kunnen innoveren, maar alleen op die punten waar dat nodig is. Kort samengevat:
- Acute problemen voorkomen en structurele problemen stap voor stap oplossen.
- Alleen die nieuwe dingen doen die belangrijk zijn en waarmee de organisatie bijblijft of iets vooruitkomt.
- De rest goed beheren en onderhouden en laten voor wat het is, totdat het moment komt dat daar ook stappen gezet moeten worden.

Wat je dan doet, is continu meten wat het gat is tussen de behoeften vanuit het bedrijfsproces en de mogelijkheden van de applicatie (figuur 8.1). En actie nemen als blijkt dat het gat te groot wordt.

Tegenwoordig is deze werkwijze, de beheerbenadering, de dominante werkwijze. Dit vind je terug in begrippen als portfoliomanagement:
- Wat doe ik wel, wat doe ik niet?

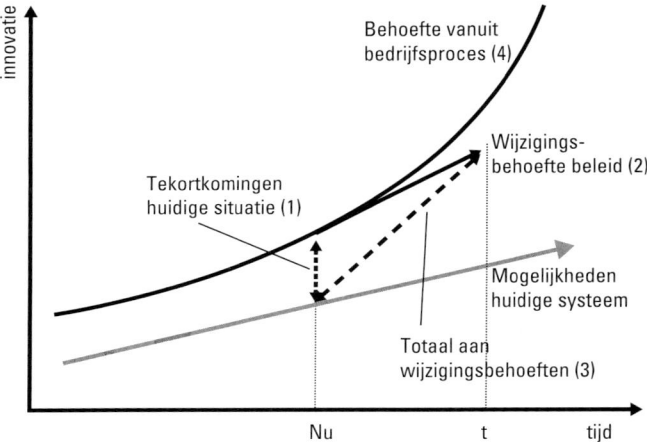

Figuur 8.1 De alignment tussen bedrijfsproces en informatiesystemen

- Wat moet ik doen om de ergste problemen op te lossen dan wel te voorkomen?
- Hoe kan ik inspelen op ontwikkelingen die echt belangrijk zijn?

Het gaat om het kennen van de echt belangrijke veranderingen en het kennen en kunnen voorspellen van de knelpunten. Daarom is het dus ook belangrijk dat structurele knelpunten in de uitvoerende processclusters bekend zijn en opgelost worden.

Samen met de andere beheerdomeinen

De processcluster ACM kan feitelijk niet uitgevoerd worden zonder business informatiemanagement en infrastructuurmanagement. In de verschillende frameworks vind je dit dan ook terug.

Structuur

Er zijn drie externe factoren die impact hebben op de informatievoorziening van een organisatie.
- Ontwikkelingen in de technologie.
- Ontwikkelingen in de omgeving van de gebruikersorganisatie.
- Ontwikkelingen in de gebruikersorganisatie zelf.

Daarom zijn er binnen ACM drie inventariserende processen onderscheiden die als doel hebben om inzicht te verkrijgen in bovengenoemde ontwikkelingen en om te bepalen wat de impact van deze ontwikkelingen op de applicaties zal zijn. De ontwikkelingen kunnen zowel impact hebben op één applicatie als op alle applicaties. De drie processen zijn 'omringende' processen, dat wil zeggen: zij leveren hun resultaten op naar de twee kernprocessen van het cluster ACM. Deze kernprocessen zijn: Application lifecycle management en Application portfolio management.

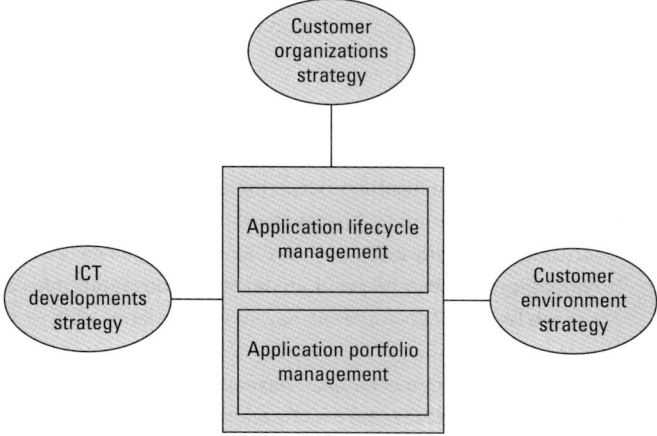

Figuur 8.2 Processen van de cluster ACM

De procescluster ACM kent dus vijf processen: drie inventariserende processen en twee kernprocessen (zie figuur 8.2). De inventariserende processen zijn:
- *ICT developments strategy*: het proces waarin nieuwe technologische ontwikkelingen worden gevolgd en getoetst.
- *Customer environment strategy*: het proces waarmee zicht op de ontwikkelingen in de omgeving van de gebruikersorganisatie in relatie tot de applicatie(s) verkregen wordt.
- *Customer organizations strategy*: het proces waarmee de ontwikkelingen binnen de gebruikersorganisatie(s) in kaart worden gebracht.

En de twee kernprocessen zijn:
- *Application lifecycle management*: het proces voor het definiëren van een strategie voor de toekomst van een applicatie, uitgewerkt in acties.
- *Application portfolio management*: het proces voor het bepalen van een strategie voor het geheel aan applicaties.

Deze vijf processen werken we hieronder kort uit. Daarna volgt de case voor het geheel van de procescluster ACM.

8.2 ICT developments strategy

De ontwikkelingen in de IT gaan razendsnel, zeker op het terrein van de infrastructuur, en hebben een grote invloed op ons dagelijks leven, de manier van werken en de ontwikkelingen in organisaties.

ICT developments strategy bekijkt welke technologische ontwikkelingen in de IT-branche interessant kunnen zijn voor de informatievoorziening van de organisatie en wat de impact ervan is voor de applicaties.

De technologie kan daarbij betrekking hebben op ontwerp- en ontwikkelhulpmiddelen (zoals programmeertalen), functionaliteiten (zoals het op de markt komen van standaardmiddelen om bijvoorbeeld betalingen te doen), beheerhulpmiddelen en infrastructuur (nieuwe platformen, smartphones).

Niet alleen heeft men te maken met nieuwe ontwikkelingen en nieuwe mogelijkheden. Ook wordt men soms ten aanzien van de bestaande gebruikte technologie gedwongen investeringen te doen, bijvoorbeeld omdat de ondersteuning afloopt als men niet 'upgrade' naar een nieuwere versie of omdat de bestaande gebruikte technologie 'end of life' is.

8.3 Customer organizations strategy

De informatievoorziening moet te allen tijde blijven aansluiten op de bedrijfsprocessen van een organisatie. Daarom is het natuurlijk essentieel om de ontwikkelingen binnen die organisatie te kennen. Met het proces *Customer organizations strategy* brengt men de ontwikkelingen in de afnemersorganisatie(s) in kaart. Doelstelling van dit proces is het bepalen van de impact van ontwikkelingen in de gebruikersorganisatie(s) op de applicatieportfolio. Zo kan men bijvoorbeeld vroegtijdig vaststellen welke belemmeringen de applicaties voor deze ontwikkelingen opwerpen en hoe men op deze belemmeringen kan inspelen.

De tijdshorizon/scope hierbij zal voor de meeste organisaties twee tot vijf jaar zijn.

8.4 Customer environment strategy

Het komt steeds vaker voor dat organisaties onderling gegevens uitwisselen. Deze uitwisseling vindt vrijwel altijd plaats door koppeling en interfaces tussen de verschillende applicaties van de betrokken organisaties.

Customer environment strategy analyseert de ontwikkelingen in de uitwisseling van informatie en gegevens tussen verschillende gebruikersorganisaties (informatieketens) en geeft op basis hiervan zicht op de eisen en kansen ten aanzien van de applicaties.
Doelstelling van *Customer environment strategy* is het bepalen van de impact van de ontwikkelingen in de omgeving van de afnemers- of gebruikersorganisatie op de applicatieportfolio.

Vaak wordt het woord 'keten' of informatieketen gebruikt om de informatiestromen over meerdere organisaties aan te geven. Men praat dan over de keten of 'in de keten'. Complicerend daarbij is dat voor iedere organisatie 'in die keten' de keten verschillend is, zie bijvoorbeeld figuur 8.3. Daarin zien we dat bijvoorbeeld Organisatie C de keten heel anders ziet dan organisatie B.

Organisatie C heeft te maken met andere organisaties en andere ontwikkelingen. Daardoor en omdat een organisatie ook niet veel zicht heeft op de organisaties in de keten, zeker als deze wat verder weg liggen, kunnen reacties van andere organisaties onvoorspelbaar zijn. Daarom is het belangrijk de ontwikkelingen in de omgeving van de applicaties te kennen en de impact ervan te onderkennen.

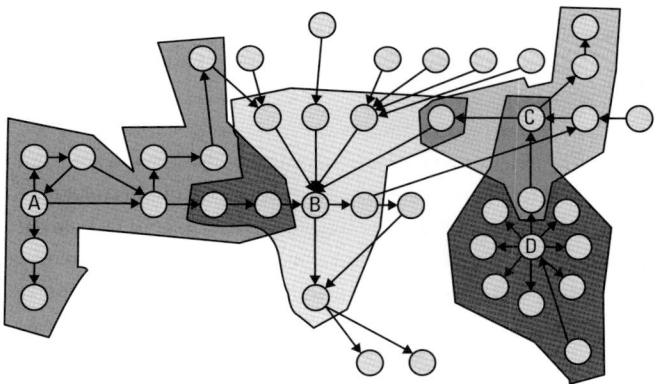

Figuur 8.3 Voorbeeld van gekoppelde ketens

8.5 Application lifecycle management

Bij *Application lifecycle management* stelt men een strategie vast voor de toekomst van een applicatie, zodat de applicatie het bedrijfsproces de komende jaren optimaal kan blijven ondersteunen.

Applicaties verouderen en verslechteren in de regel langzaam. Bij *Application lifecycle management* bekijkt men welke structurele wijzigingen en verbeteringen noodzakelijk zijn om de kwaliteit van de applicatie voor de komende jaren te behouden en een blijvend goede aansluiting met het bedrijfsproces en het gewenste beleid te realiseren.

Meestal leveren overzichtelijke investeringen in het begin van de levenscyclus van een applicatie veel winst op. In ieder geval is het goedkoper dan het moeten aanpassen van een sterk verouderde applicatie.

Binnen *Application lifecycle management* worden de volgende werkzaamheden uitgevoerd:
- Het bepalen van de huidige sterkten van en de tekortkomingen in de applicatie.
- Het bepalen van de impact van de ontwikkelingen in de gebruikersorganisaties en de ketenorganisaties.
- Het bepalen van de impact van de technologie.
- Het maken van scenario's en schetsen om te komen tot een nieuwe of aangepaste, toekomstvaste applicatie.

8.6 Application portfolio management

Richt *Application lifecycle management* zich op een enkele applicatie, bij *Application portfolio management* kijkt men naar het hele applicatielandschap. Het doel van *Application portfolio management* is het verzorgen van de afstemming en coördinatie tussen de verschillende onderdelen in het applicatielandschap (of het geheel aan informatievoorziening) en de grote en ingrijpende veranderingen die hierin plaatsvinden. Of kortweg gezegd, portfoliomanagement houdt de gemeenschappelijkheid van het geheel in het oog.

Die afstemming wordt gerealiseerd door coördinatie op drie onderwerpen:
- Het applicatielandschap en de opdeling ervan. Het applicatielandschap beschrijft welke applicaties er zijn, wat de grenzen ertussen zijn en hoe de samenhang eruitziet.
- De gemeenschappelijke middelen en standaarden. Door het delen van middelen en het gebruik van standaarden zijn kostenbesparingen mogelijk; maar het kent soms ook nadelen.
- De wijzigingsportfolio van de applicaties. Het geheel van ingrijpende wijzigingen en vernieuwingen aan de verschillende applicaties kan ook complicaties opleveren,

bijvoorbeeld omdat er afhankelijkheden zijn tussen deze trajecten of omdat het te veel kan zijn voor een organisatie.

Het geheel en de samenhang kan er dus toe leiden dat men vernieuwingsplannen moet bijstellen. *Application portfolio management* zorgt dus voor optimalisatie van het geheel door besluitvorming over het geheel te organiseren.

> Bij zijn aantreden is het Jan duidelijk geworden dat ACM behoorlijk in het slop is geraakt.
> De laatste jaren is er maar af en toe, een beetje ad hoc, iets aan gedaan. En eigenlijk meestal geforceerd door de klanten. Erg gestructureerd ging dat ook niet. Het was zelfs zo dat er iedere keer weer andere medewerkers van ISPM bij betrokken waren. Met als gevolg dat soms dezelfde 'nieuwe' functionaliteit verschillende keren bedacht en gebouwd werd. Natuurlijk iedere keer net een klein beetje anders.
>
> Jan vindt dat erg jammer. Maar ook hier blijkt gelukkig weer dat de nieuwe directie ook aandacht voor de toekomst heeft en niet alleen voor besparen. Ze begrijpen dat investeren soms noodzakelijk is en het kost Jan dan ook niet heel veel moeite om ze te overtuigen van nut en noodzaak van ACM.
>
> Eerst wordt er een scan van het huidige PARIS gemaakt. De conclusie is dat het systeem weliswaar voor een behoorlijk deel gebouwd is met oude technologie, maar dat het degelijk in elkaar zit en nog voldoende flexibiliteit heeft. De vorige vernieuwing, nog onder leiding van Jan en vooral gericht op de berekeningsprogrammatuur, heeft veel opgeleverd.

Er is wel veel behoefte aan betere en meer interfaces en koppelingen. Omdat dit over het algemeen redelijk goed te specificeren aanpassingen zijn, worden de wensen meegenomen in de releasekalender.

Samen met de productmanager organiseert Jan workshops met de verschillende klanten van ISPM. Tijdens deze workshops komen ook veel innovatieve ideeën naar voren. Een daarvan is een selfservice-portaal voor abonnees. Met dit portaal kunnen abonnees advertenties in de bladen plaatsen, ook met eigen logo's of foto's. En ze kunnen er een eigen blog in bijhouden.

Voor de bezorgers denkt men aan een app, bruikbaar op internet, maar ook op de smartphone of tablet. Met de app kunnen bezorgers een overzicht krijgen van hun wijkindeling, wijzigingen in hun wijk en de inkomsten van de bezorging. Bovendien krijgen ze met de app de mogelijkheid om zelf op een makkelijke manier vervanging te regelen.

Vijf klanten zijn enthousiast en tekenen ter plekke in op de nieuwe voorzieningen. En tot grote vreugde van Jan zit daar ook een nieuwe klant bij. Men was al enige tijd in onderhandeling met deze klant, maar de door Jan georganiseerde workshop over innovatie heeft de klant over de streep getrokken.
Ook de productmanager is enthousiast. 'Hier heb ik veel te weinig tijd aan besteed', zegt hij tegen Jan tijdens de evaluatieborrel. 'Ik dacht dat het alleen maar veel geld zou kosten en niets zou opleveren, we moesten dit maar wat vaker doen'. Jan kan tevreden zijn.

9 Organization Cycle Management

De laatste procescluster binnen ASL is Organization Cycle Management (OCM). Zoals de naam al suggereert gaat het om de toekomst van de applicatiemanagementorganisatie. Organization Cycle Management heeft als doel het maken van keuzes voor de toekomstige dienstverlening, het onderbouwen ervan en ervoor zorgen dat deze vertaald worden naar concrete dienstverlening in de toekomst.

Er zijn diverse redenen waarom OCM meer nog dan vroeger belangrijk is:
- Organisaties kunnen niet meer experimenteren op kosten van de klant. Ook voor interne IT-organisaties geldt: je moet de dienstverlening goed kunnen leveren voor je de dienstverlening mag leveren.
- Er zijn zeer veel mogelijke vormen van dienstverlening op het terrein van applicatiemanagement. Specialisaties zijn er naar markt, aard van dienstverlening (zoals het leveren van pakketten, systeemintegratie, beheer en onderhoud) en naar afrekenvorm van dienstverlening en techniek. De specialisatie op deze assen speelt vaak tegelijkertijd, dus specialisatie naar technologie en vorm van dienstverlening en markt. Daarmee is de ruimte van dienstverlening die geleverd kan worden heel groot. De ruimte die men kan leveren echter niet. Een juiste keuze is dus essentieel voor de continuïteit van de applicatiemanagementorganisatie.
- Het fundamenteel vernieuwen en veranderen van dienstverlening is moeizaam en kostbaar. Niet alleen vereist dit medewerkers, die de nieuwe skills in hun genen hebben,

het vraagt ook management die dit juist kan sturen. Ook vereist het een ander imago om deze dienstverlening te kunnen leveren, en vaak een andere applicatie-infrastructuur of andere (financiële) administratie. En al deze veranderingen moeten ongeveer tegelijk plaatsvinden, en het liefst zo snel mogelijk. Het is voor applicatiemanagementorganisaties dus belangrijk om voortdurend het beleid van de organisatie te toetsen aan de dienstverlening.

Onderwerpen en processen
De processen binnen OCM zijn nauw gekoppeld aan de onderwerpen die hierin een rol spelen. De onderwerpen en processen zijn (zie ook figuur 9.1):
- Klanten en markt. Het proces *Account & market definition* inventariseert en bepaalt het beleid op dit terrein.
- Leveranciers. Het proces *Supplier definition* inventariseert en bepaalt beleid op het terrein van de leveranciers (of onderaannemers) van de applicatiemanagement-organisatie.
- Technologie. Het proces *Technology definition* inventariseert en bepaalt het beleid op het terrein van de technologie en de technologische ontwikkelingen.
- Capabilities. Het proces *Capabilities definition* heeft als centraal thema de capabilities van de organisatie: de kernkwaliteiten (competenties) van de organisatie, de skills van de medewerkers en het brede kwaliteitssysteem om de kennis te beheren en te verspreiden. Het is als het ware kwaliteitsmanagement op richtinggevend niveau.

Midden tussen deze processen bevindt zich het proces *Service delivery definition*.

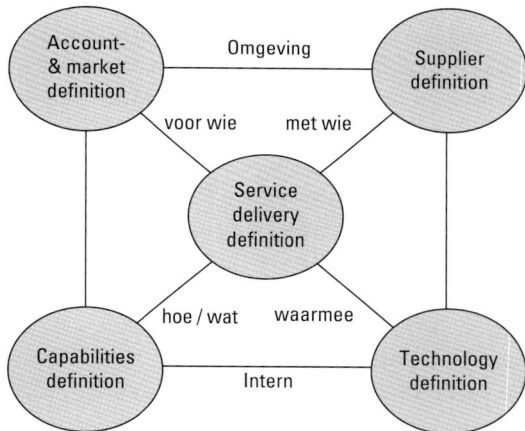

Figuur 9.1 De procescluster OCM

9.1 Account & market definition

Account & market definition houdt zich bezig, zoals de naam al aangeeft, met de klant- en de marktkant. In dit proces denkt men na over de impact van de ontwikkelingen bij de klant(en) en de ontwikkelingen van andere partijen bij de klant (concurrenten of collega's) en welke gevolgen dat kan hebben voor de dienstverlening.

Op basis hiervan kan men bepalen welke dienstverlening, veranderingen aan bestaande dienstverlening en nieuwe dienstverlening wenselijk is en ook aan welke bestaande of nieuwe klanten men deze diensten wil leveren. Ten slotte moeten zowel externe (marktpartijen) als interne IT-organisaties goed nadenken over welke dienstverlening men moet leveren en ook mag leveren.

Een organisatie heeft niet alleen te maken met de beperkte middelen om te investeren in nieuwe dienstverlening, ook het beeld en het imago bij de klant bepaalt de slaagkans van de nieuwe dienstverlening en de mate waarin men 'mag' leveren. Bij *Account & market definition* kijkt men dus niet alleen naar de ontwikkelingen bij de klantorganisatie(s), maar ook naar de geleverde dienstverlening, het beeld hierover en het imago bij de afnemer(s) en het instrumentarium (zoals relatie- en accountmanagement) om hier iets mee te doen.

9.2 Capabilities definition

Organisaties zijn goed in het leveren van bepaalde diensten. Uit ervaring blijkt dat het veranderen van die dienstverlening of het veranderen van de kernwaarden in die dienstverlening een moeizaam proces is.
De capabilities, de kerncompetenties van organisaties, veranderen maar moeilijk. En dat terwijl de vragen uit de markt, de vragen van de klanten, vaak wel veranderen.

Capabilities definition is het proces om invulling te geven aan de toekomstige behoeften van de markt. Met dit proces kunnen de eisen ten aanzien van de skills en expertises van de organisatie en de medewerkers voor de toekomst in kaart worden gebracht. Niet alleen diepgang en omvang van die expertises is een onderwerp, maar ook het instrumentarium (in brede zin) waarmee deze expertises worden verspreid en vastgelegd.

Vaak duurt het meerdere jaren voordat een structurele verandering in de wijze van werken in de genen van de organisatie en de medewerkers is gaan zitten. Als de benodigde skills en expertises bovendien haaks staan op de kwaliteiten van de bestaande organisatie, is het nog moeilijker. Medewerkers die

al twintig jaar gewend zijn om op een gestructureerde wijze
applicaties met een hoge betrouwbaarheid te ontwikkelen,
kunnen veel moeite hebben om op Agile-achtige wijze te werken
of applicaties met een wegwerpkarakter te ontwikkelen.

9.3 Technology definition

Technologie is natuurlijk een onderwerp dat ook op het richtinggevende niveau bij applicatiemanagement speelt. Applicatiemanagement vereist stevige investeringen in technologie, niet
zozeer in de aanschaf van de technologie zelf maar vooral om
deze te kunnen gebruiken. De medewerkers moeten ermee
kunnen werken (als men Java-systemen bouwt, moet ze veel
weten van Java), van het kwaliteitssysteem verwacht men
handvatten hoe de technologie te gebruiken, men maakt extra
faciliteiten en standaardfunctionaliteiten.

Technology definition is het proces om de middelen te kiezen
waarmee men de dienstverlening van de toekomst wil realiseren.
Hier komen vragen aan de orde als:
- Wat zijn de gevolgen van het uitfaseren van bepaalde
  technologie?
- Welke nieuwe technologieën zijn er en welke mogelijkheden
  bieden ze?
- Op welke wijze kan een nieuwe technologie in de organisatie
  geïntroduceerd worden?

9.4 Supplier definition

In de inleiding werd al geschetst dat er vele vormen van
(applicatiedienst)verlening zijn en dat individuele applicatiemanagementorganisaties niet alle vormen van dienstverleningen
kunnen leveren. Samenwerking is dus logisch.

In het proces *Supplier definition* kijkt men naar leveranciers en eventuele samenwerkingspartners. De doelstelling van *Supplier definition* is het actief zorgdragen voor een optimale dienstverlening in de toekomst door het bepalen van de rol en inschakeling van externe leveranciers en het vertalen van dit beleid naar een werkende organisatie en structuur.

Belangrijk is dat er een duidelijk beeld is van wat men verwacht van de leverancier of samenwerkingspartner: wat moet deze inbrengen? Levert deze een oplossing of technologie, levert deze specifieke skills of goedkope capaciteit, brengt deze een imago bij klant (zij mogen wel)?
Ook de manier waarop wordt samengewerkt is belangrijk. Hierin zijn diverse vormen te onderscheiden: een leverancier, een onderaannemer, een gelijkwaardig partnership, een regie-organisatie, een hoofdaannemer.

9.5 Service delivery definition

Het centrale proces binnen OCM is *Service delivery definition*. In dit proces komen alle plannen en ontwikkelingen van de omringende processen samen en worden ze omgesmeed tot een samenhangende en afgestemde strategie.
Het is per slot van rekening belangrijk te weten of de beoogde capabilities wel gevraagd worden op de markt. Verder moet een samenwerking met een andere partij ook in de organisaties worden opgehangen en geborgd. Ook moeten in de organisatie skills worden ontwikkeld om de aangeschafte technologie te kunnen gebruiken en om in zetten in dienstverlening voor klanten. *Service delivery definition* organiseert dit. Vragen die bij dit alles een rol spelen zijn:
- *Wat* is de te leveren dienstverlening?
- Aan *wie*?

- Op welke *wijze* wordt dit gerealiseerd (make-or-buy), en:
- met welke *middelen/ontwikkelgereedschapslijn* of met welke leveranciers/suppliers en:
- wat is daarvoor (op hoofdlijnen) aan capabilities benodigd?

Ook zal het noodzakelijk zijn om een beeld te hebben over hoe daar te komen en hoe dat te borgen. Een instrument dat gebruikt kan worden om dat te realiseren is in figuur 9.2 weergegeven.

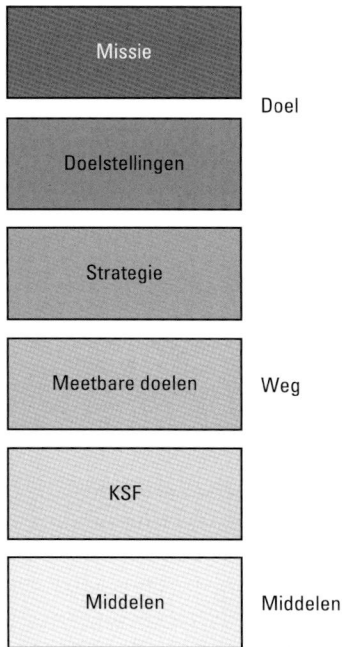

Figuur 9.2 Resultaten van *Service delivery definition*

Een mogelijke fasering is:
- Het formuleren van een missie. Deze missie geeft zeer beknopt aan welke dienstverlening men over twee tot drie jaar vanuit welke expertises aan wil bieden aan welke klantengroepen.
- Het formuleren van doelstellingen die deze missie concretiseren in toetsbare eenheden.
- Het definiëren van één of meer strategieën om de aangegeven doelstellingen te bereiken.
- Het onderkennen van kritieke succesfactoren (KSF) voor het slagen van de strategie.
- De inschatting en allocatie van benodigde middelen ten behoeve van realisatie.
- Plannen/inplannen van de realisatiedoelstellingen.

Er was al in geen eeuwen een workshop OCM gedaan, eigenlijk nooit meer na die ene workshop die Jan georganiseerd had. Het lijkt hem een goed idee de draad weer eens op te pakken en daarbij meteen uit te gaan van ASL 2.

Omdat de organisatie iets gegroeid is, organiseert hij niet één, maar een hele serie workshops. Iedere workshop heeft een bepaald thema, eigenlijk een van de processen uit het OCM-procescluster. De eerste workshop heeft als thema de capabilities. Het gaat daarbij om vragen als: hoe bouwen we de benodigde capabilities op, wat doen we zelf en wat besteden we uit?

Duidelijk wordt dat men toch wel strakker op kwaliteit wil sturen.
De procedures en processen zijn weliswaar strak ingeregeld en de kosten zijn voorspelbaar, maar soms is het een beetje te

strak waardoor de customer intimacy soms onder druk staat.
Door nu weer meer op kwaliteit te sturen kan een mooi
optimum bereikt worden.
Het maakt het werken voor de medewerkers ook leuker en
prettiger. Maar iedereen weet: geld is geld. Dat wordt zeker
niet vergeten.

Bij de workshop met het thema 'Suppliers' komt uiteraard de
samenwerking met India aan de orde. Die levert nog wel eens
problemen op. De afstand, zowel de werkelijke als in cultuur,
is groot en regelmatig zijn er misverstanden. Het oplossen
daarvan kost altijd weer de nodige moeite. Sommigen vragen
zich af of het werkelijk geld scheelt. 'Soms kost het zo veel
moeite om duidelijk te maken wat je nodig hebt, in die tijd
kun je het eigenlijk al zelf doen'.

Er wordt een voorstel gedaan om te kijken wat de mogelijkheden zijn in de Oost-Europese landen. Een van de medewerkers weet van zijn zwager, die ook bij een IT-bedrijf werkt, dat de ervaringen erg positief zijn. Het is in ieder geval een stuk dichterbij. En qua cultuur lijkt het ook wat dichterbij.

Maar zondermeer India als leverancier verlaten kan niet.
Voortaan gaat men echter wel heel bewust vaststellen wat
wel en wat niet naar India kan. De kern van PARIS zit goed
in elkaar en is ook heel goed gedocumenteerd, dus dat kan
wel. Maar voor de nieuwere delen is vaak veel overleg met de
klanten nodig, dat kan beter in Nederland gedaan worden.

Om ook met wat nieuws bezig te zijn start men bovendien een
klein project om te kijken naar de mogelijkheden van social
media.

10 Gebruik en invoering

10.1 Invoering en inrichting

In hoofdstuk 2 hebben we besproken wat applicatiemanagement is. De verschillende werkzaamheden binnen applicatiemanagement zijn vervolgens in de daarop volgende hoofdstukken beschreven.

Organisaties willen vaak, al dan niet noodgedwongen, de uitvoering van het werk verbeteren en professionaliseren. De vraag is alleen, hoe? Hoe te starten, welke mogelijke richtingen zijn er, hoe gaat het eruitzien en welke middelen zijn er?
In dit hoofdstuk gaan we op deze vragen in. Daarvoor kijken we eerst even naar het model: wat is ASL nu precies, hoe verhoudt het zich tot de praktijk, wat is de betekenis van 'best practices'? Daarna kunnen we ingaan op de te bereiken doelen en de te volgen weg om deze te bereiken.

Tot slot gaan we nog kort in op alle instrumenten, middelen en andere vormen van ondersteuning die beschikbaar zijn voor de invoering.

10.2 Het framework en de realiteit

ASL is, zo is in het begin betoogd, gebaseerd op de praktijk. ASL is een model, ontstaan in de praktijk, dat na jaren van toepassing en aanpassing uiteindelijk heeft geresulteerd in het huidige framework.
ASL is ook een procesmodel, een abstractie van de werkelijkheid. Een model van de werkzaamheden, processen en activiteiten, die plaatsvinden bij applicatiemanagement. Deze werkzaamheden

zijn op een logische wijze gestructureerd in processen en procesclusters.

Een diepgaande uitwerking van de processen in processtappen is er echter niet. Daar is bewust voor gekozen. ASL is weliswaar een universeel model, maar de implementatie van applicatiemanagement zal bij iedere organisatie weer anders zijn. Door het ontbreken van een diepgaande uitwerking wordt voorkomen dat iedere organisatie in hetzelfde standaardmodel gedreven wordt.

10.3 Het geheim van best practices

Het inrichten van processen en organisaties kent delicate aspecten, niet zozeer omdat het moeilijk is, maar omdat het gevoelig is voor stokpaardjes en religie. Onderstaand wat voorbeelden van dergelijke stokpaardjes.

Processen zijn onafhankelijk van de organisatie, dus het procesmodel werkt voor iedere organisatie.
In de praktijk kom je regelmatig tegen dat implementatie van een procesmodel op een standaardwijze wordt uitgevoerd, onafhankelijk van de soort organisatie waar de implementatie uitgevoerd wordt. En niet alleen de inrichting van de organisatie kan verschillen, ook de aanleiding en het doel om te professionaliseren verschillen vaak. Dit betekent dat men bij de invoering altijd de organisatie, de aanleiding en het doel in het oog moet houden, om te voorkomen dat al te bureaucratische procedures worden ingevoerd op plekken waar dit niet nodig is.

Alles moet uniform en integraal.
In het verlengde van voorgaande stelling ligt het idee om overal hetzelfde proces te willen hanteren. Dit werkt alleen maar als de organisatie zeer sterk vergelijkbare processen heeft (zowel

in grootte als in middelen) en ook op dezelfde wijze levert en
concurreert. Het beheren en onderhouden van grootschalig
maatwerk met een hoog betrouwbaarheidsniveau vereist een
andere invulling dan het beheer en onderhoud van een dynamische website.

Wij zijn anders, zoiets werkt niet bij ons.
Totaal aan de andere kant van het spectrum staat deze stelling,
ook veel te horen in de praktijk. En inderdaad: zelden zijn
organisaties echt gelijk en gelden er gelijke waarden, zelden is de
aanleiding en doelstelling voor inrichting van processen gelijk,
waardoor processen in organisaties zelden precies hetzelfde zijn.
Daarentegen geldt echter wel dat er toch veel overeenkomsten
zijn binnen applicatiemanagement en dat het merendeel van de
wetten van applicatiemanagement overal gelden.

De realiteit ligt in het midden, en de gulden middenweg is bijna
altijd de juiste.
De conclusie kan zijn dat applicatiemanagementprocessen van
diverse willekeurige organisaties voor ongeveer 20 procent
verschillen en dat deze verschillen meestal ook wel degelijk
zinvol en belangrijk zijn.

Aanpasbare best practices als sleutel tussen theorie en praktijk.
Daarom kent ASL best practices. Best practices zijn templates,
voorbeelden, checklisten, beschrijvingen, formulieren, et cetera,
die noodzakelijk of handig zijn voor de uitvoering van de
processen. Ze kunnen worden gedownload van de website van de
ASL BISL Foundation, of gekopieerd van een collega. Deze best
practices zijn aanpasbaar, men kan ze gebruiken als basis waarbij
men de eigen accenten kan aanbrengen. Hierdoor ontstaat de

mogelijkheid om de best practices aan te passen voor de 1 tot 20 procent verschil binnen de eigen organisatie.
Het grote voordeel is dat de bijna 80 procent niet bedacht hoeft te worden. Men is geen tijd kwijt om van 'scratch' af aan een procedure of template te maken. Dit geeft bij verbetertrajecten een enorm tijdvoordeel. Bovendien zorgen de best practices ervoor dat eenieder zich een beeld kan vormen bij een bepaald proces of bepaalde activiteit, wat ook de discussie stuurt. Feitelijk zorgen best practices ervoor dat de investeringen, de ervaring en de lessen van andere organisaties herbruikbaar worden.

Daarnaast zorgen best practices ervoor dat ASL, zonder aanpassingen aan het framework zelf, kan meegroeien met nieuwe ontwikkelingen. De basis van de applicatiemanagementprocessen verandert niet snel. Het is in de uitvoering dat er verschillen zijn. En die uitvoering ligt vast in de best practices. Door zo veel mogelijk best practices in zo veel mogelijk verschillende situaties te verzamelen, kan iedere applicatiemanagementorganisatie de best practices kiezen die bij haar passen. Offshoring en outsourcing, nieuwe technologieën en nieuwe methoden, de best practices zorgen ervoor dat ASL de de facto standaard kan zijn en blijven voor applicatiemanagement.

10.4 Scenario's en invoering

Zoals in de vorige paragraaf al is aangegeven kunnen doel en aanleiding tot professionalisering van het applicatiemanagement en invoering van ASL sterk verschillen.
Is bij de ene organisatie outsourcing – waardoor langere lijnen ontstaan en de afspraken met opdrachtgever formeler worden – een aanleiding om te gaan professionaliseren, bij een andere organisatie kan dit bijvoorbeeld kostenreductie zijn.

Daarnaast kunnen ook doel en invulling verschillen: tot
hoever wil men gaan met professionaliseren? Is een volwassenheidsniveau 2 voldoende of zal men moeten doorgroeien naar niveau 4? Ligt de focus op de uitvoerende processen of is het zaak meer aandacht te geven aan de strategische processen? Hoe nijpend is de situatie? Betekent niet professionaliseren mogelijk de doodsteek voor de organisatie? En hoeveel kennis en kunde is er binnen de organisatie zelf? Kan men zelf de invoering uitvoeren of is er hulp van buitenaf nodig?

Omdat geen enkele situatie hetzelfde is hebben we vier scenario's beschreven die men in de verschillende situaties kan kiezen.

Het Kwaliteitsscenario
Als de nood hoog is, is een organisatie vaak bereid om in kwaliteitsverbetering te investeren middels tijd en geld. Dat maakt het mogelijk om, als het kennisniveau intern onvoldoende is, kennis en expertise van buiten in te huren. Deze ingehuurde medewerkers kunnen, na onderzoek, beschrijven hoe het werk gedaan moet worden.
Een risico hierbij is echter dat, omdat men niet heeft kunnen meewerken, de eigen medewerkers de producten niet willen accepteren.

Het Resultaatscenario
Vaak is de kennis wel aanwezig maar ontbreekt het aan capaciteit. Of men is wel diverse trajecten gestart, maar die zijn in de loop van de tijd gesneuveld onder een grote berg verbeterpunten. Of de wens tot perfectie heeft ervoor gezorgd dat men het einde niet haalt.
In dergelijke omstandigheden biedt het Resultaatscenario uitkomst. Hierbij richten interne medewerkers in korte tijd de

organisatie in en zorgen ze voor nieuwe of verbeterde procedures voor de verschillende processen. Best practices bieden in dit geval handvatten om tot een snel resultaat komen.

Om eventuele capaciteitsproblemen op te lossen kan men personeel inhuren die de dagelijkse werkzaamheden overnemen zodat interne medewerkers zich kunnen richten op de procesverbeteringen. Dit zorgt voor een veel groter commitment bij de medewerkers, iets wat absoluut noodzakelijk is.

Het Groeiscenario

Als de problemen niet al te groot zijn, is een organisatie meestal niet bereid veel te investeren in verbetertrajecten. Om toch te komen tot een gestage professionalisering van het applicatiemanagement kan gekozen worden voor het Groeiscenario. Ieder jaar wijst men een beperkt aantal knelpunten aan en start men acties om deze knelpunten op te lossen. Ook hier kunnen best practices weer een rol spelen. Verbeterpunten kan men identificeren via zelfevaluaties.

Het Teamscenario

Vanaf een bepaald niveau worden verbeterprocessen gewoon onderdeel van het dagelijks werk. De verbetering gaat als het ware vanzelf.

10.5 Starten met ASL

Als u als organisatie wil starten met ASL, kunt u eigenlijk het best naar de site van de ASL BiSL Foundation (www.aslbislfoundation.org) gaan. Daar vindt u achtergrondinformatie, boeken, artikelen en white papers, best practices et cetera.

Een van de best practices is de ASL starterskit, een instrument om zonder bemoeienis van consultants en snel ASL in de organisatie in te voeren.
Daarnaast vindt u op de site ook informatie over de gratis te bezoeken themasessies en de mogelijke certificeringen en trainingen.
En wilt u nog meer weten, dan kunt u altijd contact opnemen met de ASL BiSL Foundation. Zij kunnen u verder verwijzen naar andere organisaties of consultants.

> Jan is alweer een paar maanden aan het werk als interim-manager en heeft het gevoel dat hij nooit is weggeweest.
> Hij heeft de afgelopen maanden naar zijn tevredenheid ook gemerkt dat niet alle verbeteringen die hij een paar jaar geleden heeft ingezet verloren zijn gegaan. Daardoor kan hij de aandacht nu vooral richten op de processen die de afgelopen jaren wat meer verwaarloosd zijn.
>
> Het werken met eigenaren per proces is hem de vorige keer goed bevallen. Bovendien blijkt dat de processen waar nog steeds een eigenaar voor is een duidelijk hoger kwaliteitsniveau te hebben. Daarom kiest hij nu dezelfde aanpak: per proces een eigenaar die per jaar de grootste knelpunten oppakt, al dan niet in samenwerking met een externe consultant. Om nieuwe proceseigenaren te benoemen heeft Jan nog wel even moeten onderhandelen met de directie. Hoewel men graag wil verbeteren, en daar ook de nodige ruimte voor wil geven, was de directie bang dat het te veel overhead zou worden en dat de proceseigenaren hun eigen activiteiten uit het oog zouden verliezen.

Jan heeft ze gerust kunnen stellen, het is zeker niet zijn bedoeling om extra managers te kweken. De proceseigenaren zien de extra activiteiten vooral als een mogelijkheid om meer sturing over het eigen werk te krijgen en op die manier gewoon meer lol in het werk te krijgen.

Zijn verbeterscenario lijkt een mix van het resultaat- en het groeiscenario. Dat verbaast hem niets. Hij is een groot voorstander van gestage verbetertrajecten, die beklijven volgens hem het best. Maar als er grote achterstand is, zoals nu bij sommige processen, is er toch meer inspanning nodig om goede resultaten te bereiken.

Al met al heeft hij het idee dat ze op de goede weg zijn en dat wordt ook beaamd door de medewerkers en de directie.
Een eindpunt zal er nooit bereikt worden, want het kan altijd beter. Maar iedere verbetering is er weer een, en iedere verbetering maakt het werk voor de medewerkers weer net iets prettiger en het resultaat voor de klanten weer net iets mooier.

Bijlage 1 Praktijkcase VGK/ISPM

De case in dit boek gaat over ISPM, een organisatie die IT-diensten levert aan uitgeverijen. De organisatie is de opvolger van VGK, de organisatie die in de eerste managementguide van ASL optrad en in de BiSL managementguide als leverancier optrad, waardoor voor de geïnteresseerden en verzamelaars ook nog een interessant historisch perspectief ontstaat.

ISPM is ontstaan uit VGK en VGK is voortgekomen uit GUC, de Gemeenschappelijke Uitgevers Combinatie. VGK is de verzelfstandigde IT-organisatie van GUC. De belangrijkste applicatie van VGK was PARIS en het beheer en onderhoud van dit pakket vormde na de verzelfstandiging van VGK de kern van het bedrijf. Ook nu nog gebruiken veel klanten het pakket. Destijds had VGK, ongeveer vijf jaar na de verzelfstandiging, 22 klanten voor PARIS, waarbij voor 14 klanten ook de exploitatie en het infrastructuurbeheer werden uitgevoerd.

Vijf jaar geleden is de naam VGK ingewisseld voor ISPM: Information Services for Papers and Magazines. Men wilde losser van de oude moeder gezien worden en was inmiddels ook wat meer gaan werken op de internationale markt.
En eigenlijk wist niemand meer waar VGK precies voor stond (iets met 'verenigde' en 'kranten'). Duidelijk was wel dat de naam gedateerd klonk en niet meer aansloot bij de nieuwe activiteiten. Ook nu wordt weer een nieuwe naam overwogen. De naam ISPM klinkt niet heel lekker. En ook deze afkorting is niet erg duidelijk, veel mensen denken dat de organisatie vooral iets te maken heeft met projectmanagement. Dit is ook te zien aan de

volgers van het onlangs door de afdeling Marketing gestarte
Twitter-account. Maar het zoeken naar een nieuwe naam is nog
niet in gang gezet.

PARIS

Het pakket PARIS is er nog steeds. In de afgelopen tien jaar is
het pakket fundamenteel vernieuwd. Dat traject is nog in gang
gezet in de tijd dat Jan van Bunschoten manager was bij VGK.
Het heeft uiteindelijk wel twee keer zo lang geduurd als gepland
en PARIS is nog steeds niet helemaal state of the art, maar het
is behoorlijk robuust en voldoende flexibel voor de wensen van
de klanten. PARIS is niet meer de enige kurk voor ISPM, maar
bedrijfsmatig nog steeds een zeer stevige kurk.

De marktpositie van PARIS is de laatste jaren sterk gegroeid.
Vooral ook de beslissing om het pakket te behouden en daar
waar nodig te vernieuwen heeft hiertoe bijgedragen. Andere
marktpartijen kozen voor nieuwbouw en zijn daarop gesneuveld.
Er zijn nu 35 klanten voor PARIS, dit is een aanzienlijk sterkere
positie dan voorheen, juist omdat veel klanten gefuseerd zijn.
Daarbij zijn ook andere grote uitgeverijen als klant gekomen,
zodat GUC niet meer de grootste klant is. GDC is binnengehaald
als grote klant en ook het binnenhalen van Dutch Magazines
heeft gezorgd voor een enorme versterking van de marktpositie.

PARIS is minder het monolythische omvangrijke pakket dan
het vroeger was. Sommige delen van PARIS zijn losgekoppeld
en in sommige gevallen ook verbouwd tot webservices. Klanten
kunnen het pakket eenvoudig aansluiten op diverse CRM- of
financiële pakketten van andere leveranciers, ook op de laatste
Cloud-oplossingen.

Daarnaast zijn aanvullende functionaliteiten van andere applicaties geïntegreerd met PARIS, zoals workflow en elektronische autorisaties.

Organisatie van ISPM
ISPM kent twee grote divisies en twee kleinere afdelingen. De grootste divisie is Enterprise Solutions. Deze divisie is verantwoordelijk voor het onderhoud en de doorontwikkeling van PARIS en de andere grote pakketten die men inmiddels overgenomen of ontwikkeld heeft. Voorbeelden daarvan zijn SOFIA, een financieel pakket gebaseerd op een servicegeoriënteerde architectuur en ACCRA, een systeem voor de advertentieverkoop en -opmaak.

Daarnaast is er de AM Factory. Hier worden, al doet de naam dat niet vermoeden, de kleinere toepassingen ontwikkeld en onderhouden, vaak heel flexibel en niet gericht op omvang. Naast diverse specifieke toepassingen heeft men hier ook pakketten voor abonnementenadministratie of advertenties, maar vele malen eenvoudiger van opzet dan bij Enterprise Solutions. Deze divisie kent veel kleinere uitgeverijen als klant.

De afdeling Consultancy is vooral gericht op ondersteuning van klanten bij implementaties, maar de laatste jaren wordt er ook veel ondersteuning geleverd aan de informatiemanagementorganisaties van de klanten. De consultants van ISPM hebben door hun jarenlange ervaring in de uitgeverswereld veel kennis opgedaan over de bedrijfsprocessen en de ontwikkelingen daarin, en zijn een welkome gesprekspartner voor hun klanten geworden.

De afdeling Services en diensten levert diverse all-in diensten aan klanten. ISPM heeft een paar jaar geleden het datacenter afgestoten, maar veel klanten bleven belangstelling houden voor integrale oplossingen. Vanuit de afdeling Services en diensten worden deze oplossingen nu samen met de nieuwe eigenaar van het datacenter, en sinds kort ook met een Cloud-leverancier, geleverd. ISPM is hierbij eindverantwoordelijk en maakt ook zelf de afspraken met de leveranciers van de infrastructuur. Daarnaast levert de afdeling ook nieuwe diensten zoals het detacheren van functioneel beheerders.

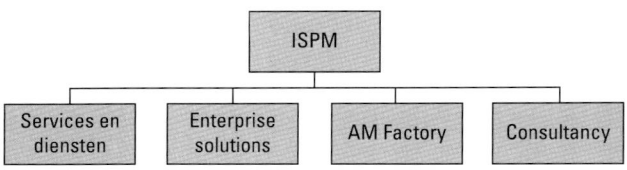

Figuur B1.1 Structuur van ISPM

Historie

Twaalf jaar geleden trad Jan van Bunschoten als manager Applicatiebeheer in dienst bij toen nog VGK. De organisatie was een paar jaar daarvoor verzelfstandigd en door de veranderende omstandigheden, zoals meer formele relaties en meer klanten, was er behoefte aan een professionaliseringsslag. De uitvoering daarvan deed Jan voor een groot deel zelf, soms zelfs iets teveel (hij had altijd wat moeite met delegeren), maar hij werd ook in belangrijke mate ondersteund door de kwaliteitsmanager Marian van den Berg. Marian is daarna de wereld over gaan reizen om ook bij andere organisaties ASL in te voeren. Door de jaren heen hebben Jan en Marian altijd contact gehouden. Regelmatig valt er nog een kaartje op de mat uit India of China.

Zelf is Jan vier jaar nadat hij was gestart bij VGK weggegaan. De toenemende meningsverschillen met de later aangetreden directie over de commercialiteit en zakelijkheid haalden veel van zijn werkplezier weg. De directie was van mening dat er veel meer winst gemaakt moest worden en oude aandeelhouders en gebruikers waaronder GUC kregen een minder belangrijke rol.

Sinds ongeveer een jaar is er een nieuwe directie, na wat wisselingen van aandeelhouders. En deze nieuwe directie blijkt meer oog te hebben voor de toekomst en is het afgelopen jaar druk bezig geweest met het formuleren van een langetermijnbeleid. De ontwikkelingen in de uitgeverswereld noopten daar ook wel toe: een abonnement op een krant is voor veel mensen niet meer zo vanzelfsprekend nu nieuws overal en gratis te krijgen is. Dit heeft ISPM mogelijkheden gegeven om samen met de klanten te zoeken naar nieuwe wegen.
Er is weer ruimte voor investeringen. De directie moedigt alle medewerkers aan met ideeën te komen en beoordeelt alle ideeën even zorgvuldig, ongeacht de bron. Kwaliteitsverbetering is weer een belangrijk thema geworden en de directie ziet de medewerkers als het belangrijkste productiemiddel.
Op aanraden van diverse medewerkers heeft de nieuwe directie Jan gevraagd als interim manager.

Jan is enthousiast aan de klus begonnen. Het doet hem ook deugd om te zien dat een deel van de oude garde nog altijd bij ISPM werkt. Zoals Hendrik de Groot die zich nog altijd bezighoudt met Configuratiebeheer, Hans, toen en nu weer verantwoordelijk voor het proces Impactanalyse, Paul de Boer, Theo de Graaff en Ingrid van der Zee.
Hij maakt ook nu weer veelvuldig gebruik van hun kennis en ervaring.

Bijlage 2 ASL BiSL Foundation

ASL is een public domain library en ondergebracht in een stichting. Deze stichting, de ASL BiSL Foundation, is in 2002 opgericht door een aantal gelijkgestemde organisaties die de professionaliteit van applicatiemanagement hoog in het vaandel dragen en het door middel van de stichting willen bevorderen. Dit gebeurt door middel van publicaties, congressen, thema-avonden en het verzamelen en publiceren van best practices op dit terrein.

Doelstellingen

Het bestaansrecht van de stichting is het gezamenlijk werken aan verbetering en het ondersteunen van de leden in:
- het verbeteren van de beheerprocessen binnen de vakgebieden applicatiemanagement en business informatiemanagement (functioneel beheer en informatiemanagement);
- het delen van informatie over ASL en BiSL;
- het ontwikkelen en adopteren van best practices;
- het verbeteren van de relatie tussen de primaire bedrijfsprocessen en de IT.

Activiteiten

De stichting initieert de volgende activiteiten:
- *Best practices*
  De deelnemende partijen bieden best practices aan. De stichting beoordeelt de kwaliteit ervan en stelt ze ter beschikking aan het publieke domein.
- *Ontwikkeling*
  ASL en BiSL zijn voortdurend in ontwikkeling en staan open voor nieuwe inzichten. De stichting zorgt voor een platform

waarin die nieuwe inzichten gebundeld worden en kunnen bijdragen aan een verbetering van de frameworks.

- *Educatie*
  Van groot belang is de training van applicatiebeheerders, functioneel beheerders, informatiemanagers, het management en de medewerkers die voor een concrete invulling zorgen van de ondersteuning van de bedrijfsprocessen door IT. De stichting stimuleert en ondersteunt trainingsinstituten om opleidingen te ontwikkelen rond ASL en BiSL. Bovendien zorgt de stichting samen met een onafhankelijk exameninstituut dat er volwaardige examens kunnen worden afgenomen. Trainingsinstituten kunnen worden geaccrediteerd. Tevens worden onderwijsinstellingen (MBO, HBO en universiteiten) gestimuleerd om ASL en BiSL in hun curriculum op te nemen.

- *ASL-norm en audits*
  Samen met het Nederlands Normalisatie Instituut NEN heeft de stichting een norm opgesteld om volwassenheidsniveaus te kunnen vaststellen van applicatiemanagementorganisaties, de NEN3434. Dienstverleners in applicatiemanagement kunnen een audit laten uitvoeren door een onafhankelijk instituut. De stichting draagt hierdoor bij aan de verhoging van de geboden kwaliteit van leveranciers. De NEN3434 is tevens de basis voor een internationale norm voor applicatiemanagement die sinds 2011 in ontwikkeling is binnen ISO/IEC-verband onder het nummer ISO/IEC 16350.

- *Publiciteit*
  De stichting zorgt voor artikelen, presentaties, boeken, congressen en andere media om ASL en BiSL onder de aandacht te brengen van de betreffende doelgroepen. Alle publicaties zijn via de website en/of mail op te vragen of te bestellen.

Deelnamevormen

De stichting kent verschillende deelnamevormen, afhankelijk van de omvang van de organisatie die wil deelnemen, de duur van de deelname en de behoefte die men heeft: wil men invloed op de ontwikkeling van de libraries of wil men vooral gebruik maken van beschikbare kennis et cetera. Voor actuele informatie over deelnamevormen, zie www.aslbislfoundation.org

Meer informatie?

Kijk op www.aslbislfoundation.org of mail ons op info@aslbislfoundation.org.

Bijlage 3 Bronnen en meer weten

Van der Pols, R. (2009). *ASL 2, een framework voor applicatiemanagement.*
Van Haren Publishing. ISBN 978 90 8753 312 0
Dit boek bevat dé beschrijving van het ASL 2 framework en dient als hoofdreferentie.

Van der Pols, R. en R. Sieders. (2012). *Werkboek ASL 2 zelfevaluatie.* Van Haren Publishing. ISBN 978 90 8753 624 4

Juurlink, A. (2011). *Applicatieportfoliomanagement voor IT-complexiteitsreductie.* Van Haren Publishing. ISBN 978 90 8753 669 5

Van der Pols, R. (2005). *Strategisch beheer van de informatievoorziening met ASL en BiSL*, Academic Service. ISBN 90 395 2210 3

Van der Pols, R. (2009). *Modern leveranciersmanagement.* Academic Service ISBN 9789012581066

Backer, Y. en R. van de Pols (2012), *BiSL® Pocketguide.*
(2de herziene druk). Van Haren Publishing.
ISBN 978 90 8753 704 3
Op analoge wijze als in dit boek wordt hier het BiSL-framework beschreven. De centrale case in deze pocketguide is GUC, tot voor kort de grootste klant van ISPM (voorheen VGK).

Van der Pols, R., R. Donatz en F. van Outvorst (2012), *BiSL, een framework voor business informatiemanagement* (2de herziene druk). Van Haren Publishing. ISBN 978 90 8753 687 9
Dit boek is een volledige beschrijving van het BiSL-framework.

Daarnaast zijn er diverse artikelen en white papers verschenen over ASL, aspecten en voorlopers ervan. Deze kunnen worden gedownload op de website van de ASL BiSL Foundation (www.aslbislfoundation.org). Ze zijn ook verkrijgbaar via de e-Knowledgebase van Van Haren Publishing, zie www.vanharen.net.

Bijlage 4 Het procesmodel van ASL 2

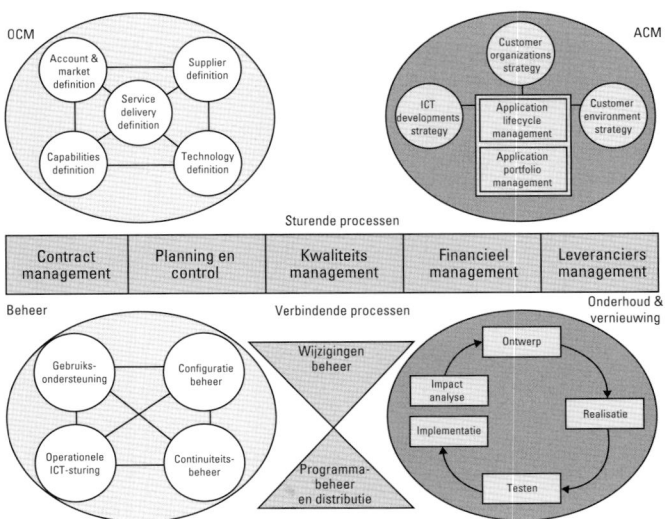

Figuur B4.1 Procesmodel van ASL 2

Index

A

acceptatietest 71
Account & market
    definition 127
ACM. 25, 113
acteren 31
afspraken. 92
applicatiebeleid 113
applicatielandschap . . . 56, 122
applicatie-
    management 13, 14
applicatiemanagement,
    beheeractiviteiten. 22
applicatiemanagement,
    business case 107
applicatiemanagement,
    richtinggevend niveau . . 17
applicatiemanagement,
    sturend niveau. 17
applicatiemanagement,
    uitvoerend niveau. 17
applicatieobjecten 83
applicatieportfolio-
    management 113
Application lifecycle
    management 121
Application portfolio
    management 122
Applications Cycle Management (ACM) 24,113
architectuur. 113
ASL 18
ASL 2 21
ASL2-framework 21
ASL BiSL Foundation. . . . 149
ASL, procesclusters. 21
assembleren. 66

B

backup 52
baten. 107
bedrijfszekerheid 46
Beheer 22
beheerbenadering 115
beheerprocessen. 35
beheerprocessen,
    variabelen 36
beheersbaarheid. 47
beschikbaarheid 46
besluitvormings-
    document. 62
betrouwbaarheid 46
beveiliging. 51
bouwprincipes 66
business informatie-
    management 14

C

Capabilities definition.... 128
capaciteitsbeheer......... 47
communicatiemiddel...... 62
componenten 28
componentisering......... 28
condities................. 94
Configuratiebeheer 42
Continuïteitsbeheer....... 51
Contractmanagement 92
Customer environment
    strategy............. 120
Customer organizations
    strategy............. 119

D

doelmatigheid............ 47
doorbelastingstructuur ... 107
dubbele uitvoering........ 52

E

expertises................ 128
exploitatietest 71

F

Financieel management .. 106
flexibiliteit............... 30
functiescheiding.......... 52
functionaliteit............ 93
functionele systeemtest.... 71
fysieke beveiliging 52

G

Gebruiksondersteuning ... 38
Groeiscenario........... 140

I

ICT developments
    strategy.............. 118
Impactanalyse............ 57
Implementatie............ 74
implementeren 74
Incidentmanagement...... 39
informatieketens 120
infrastructuur-
    management 13
inregeling................ 65
integratie van
    dienstverlening 103
interface................. 92
ISO 16350 150

K

keteninformatisering...... 29
klant-leveranciersrelatie ... 27
klanttevredenheid 95
kosten.................. 107
kostentoerekening-
    structuur............. 107
kwaliteit................ 102
kwaliteitsaspecten 46
Kwaliteitsmanagement ... 102
Kwaliteitsscenario 139
kwaliteitssysteem........ 102

L

legacy 115
Leveranciers-
    management 109

M

maatwerkoplossing 55
machinetaal 65
managementinformatie-
    systeem 56
mirroring 52

N

NEN3434 150

O

OCM 26, 125
offshoring 62
omgangsregeling 93
omgevingstest 71
Onderhoud en
    vernieuwing 55
onderhoudsprocessen 55
Ontwerp 61
Operationele ICT-
    sturing 45
organisatiekwaliteit 102
Organization Cycle Management (OCM) 26, 125
overdracht 62

P

parametrisatie 65
patch 80
Planning en control 98
prestaties 94
proactieve communicatie .. 39
proactiviteit 32
probleembeheer 103
procescluster Beheer 35
proceskwaliteit 102
productkwaliteit 102
professionalisering 28
profielen 52
Programmabeheer en
    distributie 83
programmeren 65

R

randvoorwaarden 94
reactieve communicatie ... 39
Realisatie 65
releases 79
Resultaatscenario 139

S

Service delivery
    definition 130
skills 128
specialisatie 28
stakeholders 95
standaardcomponent 55

standaardoplossingen 28
Supplier definition 130

T
Teamscenario 140
technische systeemtest 71
Technology definition 129
Testen 69
toegangsbeveiliging 52

U
uitwijk 52
unit-test 71

V
vastlegging 62
Verbindende processen 79
verwachting 95
verzakelijking 28
vraagorganisatie 26

W
wijzigingen 79
Wijzigingenbeheer 79